Academia de Ciencias Políticas y Sociales

Junta Directiva
Período 2023-2024

Presidente:	*Luciano Lupini Bianchi*
Primer Vicepresidente:	*Rafael Badell Madrid*
Segundo Vicepresidente:	*Cecilia Sosa Gómez*
Secretario:	*Gerardo Fernández Villegas*
Tesorero	*Salvador Yannuzzi Rodríguez*
Bibliotecario:	*Juan C. Carmona Borjas*

Individuos de Número

Luis Ugalde, S.J.

Margarita Escudero León *(e)*

Juan Carlos Pró-Rísquez

José Muci-Abraham

Enrique Urdaneta Fontiveros

Alberto Arteaga Sánchez

Jesús María Casal

León Henrique Cottin

Allan Randolph Brewer-Carías

Eugenio Hernández-Breton

Carlos Eduardo Acedo Sucre

Luis Cova Arria

Humberto Romero-Muci

Ramon Guillermo Aveledo

Hildegard Rondón de Sanso

Colette Capriles Sandner *(e)*

Josefina Calcaño de Temeltas (+)

Guillermo Gorrín Falcón

James-Otis Rodner

Ramón Escovar León

Román J. Duque Corredor

Gabriel Ruan Santos

José Antonio Muci Borjas

César A. Carballo Mena

Juan C. Carmona Borjas

Salvador Yannuzzi Rodríguez

Magaly Vásquez González *(e)*

Héctor Faúndez Ledesma

Carlos Leáñez Sievert

Luis Guillermo Govea U., h

Oscar Hernández Álvarez

Fortunato González Cruz

Luis Napoleón Goizueta H.

Allan R. Brewer-Carías

Profesor emérito, Universidad Central de Venezuela
Individuo de Número de la Academia de
Ciencias Políticas y Sociales
Professor, Cambridge University, UK (1985-1986)
Past Fellow, Trinity College, Cambridge UK
Professeur Associé, Université de Paris II (1989-1990)
Adjunct Professor of Law, Columbia Law School (2006-2008)

DERECHOS DE VENEZUELA SOBRE EL TERRITORIO ESEQUIBO, LA NULIDAD DEL LAUDO ARBITRAL DE 1899 Y LAS FALSEDADES EN LA *MEMORIA* DE GUYANA ANTE LA CORTE INTERNACIONAL DE JUSTICIA

Academia de Ciencias Políticas y Sociales.
Serie Estudios No. 143

editorial jurídica venezolana

2023

B758

Brewer-Carías, Allan

Derechos de Venezuela sobre el Territorio Esequibo, la nulidad del Laudo Arbitral de 1899 y las falsedades en la *memoria* de Guyana ante la Corte Internacional de Justicia / Allan Brewer-Carías. -- Caracas: Academia de Ciencias Políticas y Sociales; Editorial Jurídica Venezolana, 2023. 172 p.

Serie Estudios, 143

ISBN: 9798888957783

1. TERRITORIO ESEQUIBO 2. LAUDO ARBITRAL 1899 3. CORTE INTERNACIONAL DE JUSTICIA I. Título

© Allan R. Brewer-Carías

Email: allanbrewercarias@gmail.com

ISBN: 979-8-88895-778-3

Editado por: Editorial Jurídica Venezolana
Avda. Francisco Solano López, Torre Oasis, P.B., Local 4,
Sabana Grande, Caracas, 1015, Venezuela
Teléfono (058) (02) 762.3842. Fax: (058) (02) 763.5239
http://www.editorialjuridicavenezolana.com.ve

Impreso por: Lightning Source, an INGRAM Content company
para Editorial Jurídica Venezolana International Inc.
Panamá, República de Panamá.
Email: ejvinternational@gmail.com

Portada: Alexander Cano
Fotografía del Tribunal Arbitral de París 1899: Justice Brewer,
Lord Russell, Prof. Martens, Chief Justice Fuller, Lord Justice Collins.

Diagramación, composición y montaje
por: Mirna Pinto, en letra Times New Roman, 14
Interlineado sencillo, Mancha 12,5 x 19

CONTENIDO

SEGUNDA PARTE

REFLEXIONES SOBRE LA CONTROVERSIA DE LA GUAYANA ESEQUIBA LUEGO DE ANALIZAR LA *MEMORIA* PRESENTADA POR GUYANA EN 2020, EN LA DEMANDA CONTRA VENEZUELA ANTE LA CORTE INTERNACIONAL DE JUSTICIA Y LAS SENTENCIAS DICTADAS POR ESTA ÚLTIMA EN 2020 Y 2023

CONTENIDO

TERCERA PARTE

LAS PREMISAS HISTÓRICAS ESENCIALES PARA RESOLVER LA
CONTROVERSIA DE LA GUAYANA ESEQUIBA Y LAS FALSEDADES
EN LA *MEMORIA* DE GUYANA PRESENTADA ANTE LA
CORTE INTERNACIONAL DE JUSTICIA

NOTA INTRODUCTIVA

Después de más de medio Siglo de denuncias de Venezuela de que el Laudo Arbitral relativo a la frontera entre la antigua Colonia de la Guyana Británica y los Estados Unidos de Venezuela, de 3 de octubre de 1899 es nulo, ahora, en virtud de la decisión adoptada por el Secretario General de las Naciones Unidas en enero de 2018, de referir la solución definitiva de la controversia de la Guayana Esequiba a decisión de la Corte Internacional de Justicia conforme a la previsión expresa del Acuerdo de Ginebra de 1966; Venezuela, al fin, tiene la oportunidad y la obligación de presentar su caso y defender sus derechos ante dicha Corte Internacional de Justicia.

Con base en la decisión del Secretario General de la ONU, Venezuela fue, en efecto, demandada formalmente en 2018 por la República Cooperativa de Guyana ante la Corte Internacional de Justicia, la cual dictó sentencia el 18 de diciembre de 2020 decidiendo sobre su jurisdicción, declarándose competente para juzgar sobre la validez del Laudo Arbitral de 1899 y la cuestión conexa de la delimitación de la frontera entre ambos países.

Esa sentencia es obligatoria, como también lo será la sentencia que la Corte dicte sobre el fondo de la controversia que, como se dijo, es la nulidad o no del Laudo de 1899 así como la determinación de la frontera entre Venezuela y Guyana. La Carta de la Organización de las Naciones Unidas, al igual que el

Estatuto de la Corte Internacional de Justicia y el Derecho Internacional Público, son claros en cuanto al carácter y los efectos de las sentencias del referido Tribunal.

Venezuela no tiene otra alternativa, sino defender sus derechos, pues el juicio, aún sin su participación, continuaría. Defender los derechos de una Venezuela demandada ante el Tribunal que conoce de la demanda, es una obligación que tiene que asumir el Gobierno, que no puede dudar de cumplir, ni puede estar sometiéndola a una pretendida "consulta popular," como se anunció en algún momento.

La defensa judicial de los derechos del país se ejerce ante el tribunal de la causa, consultando, sí, a los mejores especialistas en derecho de Venezuela y del mundo, pero ello no puede sujetarse a los resultados de "consulta popular" alguna, entre otras razones porque el proceso judicial está en curso y Venezuela ya compareció.

En el juicio, Guyana presento su *Memoria* en 8 de marzo de 2022; y la Corte ha fijado hasta el día 8 de abril de 2024, para que Venezuela presente su *Contra-Memoria*.

De la lectura detenida de las decisiones de la Corte Internacional de Justicia de 18 de diciembre de 2020 y de 6 de abril de 2023, así como de la *Memoria* presentada por Guyana (Volumen 1, 287 pp.) corresponde a Venezuela contestar ante la misma Corte, presentando su *Contra Memoria* antes del 8 de abril de 2024, tal como quedó establecido por la misma.

Como el asunto es del interés de todos los venezolanos, todos tenemos la obligación de contribuir, desde el punto de vista de cada cual, con ese proceso, y eso es lo que me ha motivado a publicar estas notas, como contribución a lo que estimo pueden ser parte de los argumentos que podrían ser tomados en cuenta por quienes, en representación del país, habrán de formular ante la Corte Internacional de Justicia los alegatos designados a defender los derechos territoriales de Venezuela.

Las tres partes que contiene este libro han tenido dos momentos de preparación:

La *Primera Parte*, es mi contribución a los trabajos de la Academia de Ciencias Políticas y Sociales en 2021, que fue un estudio sobre "*La formación de la República y de su territorio en las constituciones de Venezuela del siglo XIX. Un legado del proceso constitucional que comenzó con la "Ley Fundamental de la República de Colombia" promulgada por Simón Bolívar, en Angostura, el 17 de diciembre de 1819.*" Dicho trabajo fue presentado en el "Segundo Encuentro sobre la cuestión de la Guayana Esequiba," organizado por la Academia el día 20 de mayo de 2021; y fue publicado en *Boletín de la Academia de Ciencias Sociales y Políticas. Homenaje al Dr. Alfredo Morles Hernández*, No. 164, Abril-Junio 2021, Caracas 2021, pp. 121-162; y en el libro coordinado por Héctor FAÚNDEZ LEDEZMA y Rafael BADELL, *La controversia del Esequibo*, Academia de Ciencias Políticas y Sociales, Editorial Jurídica Venezolana, Caracas 2022, pp. 89-138.

La *Segunda y la Tercera Partes,* constituyen el estudio que elaboré, luego de haberme leído (i) la sentencia de la Corte Internacional de Justicia de fecha 18 de diciembre de 2020 en la cual, ante la demanda de Guyana contra Venezuela intentada el 29 de marzo de 2018, declaró su jurisdicción para resolver judicialmente la controversia entre Guyana y Venezuela, con competencia para decidir sobre la validez o nulidad del laudo Arbitral de 1899 y sobre la determinación de la frontera entre ambos países; (ii) la *Memoria* presentada por Guyana ante la Corte Internacional de Justicia en fecha 8 de marzo de 2022 fundamentando su demanda contra Venezuela; y (iii) la sentencia de la Corte Internacional de Justicia de fecha 6 de abril de 2023, declarando sin lugar la excepción preliminar que había opuesto venezuela ante la Corte buscando que se incorporara en el juicio al Reino Unido.

Después de esa sentencia, la Corte Internacional de Justicia le fijó a Venezuela hasta el 8 de abril de 2024 para presentar su *Contra-Memoria,* la cual deberá ser elaborada por los responsables de la defensa del país en los próximos once meses.

Estas notas, en todo caso, no son otra cosa sino las reflexiones de un ciudadano común venezolano sobre el tema, con la aspiración de que los lectores lleguen a tener un mejor conocimiento sobre la Controversia del Esequibo.

Nueva York, mayo 2023

PRIMERA PARTE
LA FORMACIÓN DE LA REPÚBLICA Y DE SU TERRITORIO EN LAS CONSTITUCIONES DE VENEZUELA DEL SIGLO XIX

Un legado del proceso constitucional que comenzó con la "Ley Fundamental de la República de Colombia" promulgada por Simón Bolívar, en Angostura, el 17 de diciembre de 1819 al conformarse el territorio de la misma con el que correspondía a la Capitanía General de Venezuela creada por Carlos III el 8 de septiembre de 1777

I

LA FORMACIÓN JURÍDICO-POLÍTICA DEL TERRITORIO DE LAS PROVINCIAS DE VENEZUELA DURANTE LA COLONIA (1528-1810)

El territorio de lo que comenzó a ser el Estado de Venezuela a partir de 1811 se conformó durante un largo período de 260 años de ocupación territorial por la Corona española de la Tierra Firme, es decir, de la parte septentrional de Sur América, donde con base en Capitulaciones que fueron otorgadas a diversos conquistadores o Adelantados, entre 1525 y 1786 se fueron conformando las Provincias de Margarita, Venezuela (o Caracas), Nueva Andalucía (o Cumaná), Guayana, Maracaibo y Barinas.

Esas Provincias, como demarcaciones territoriales, respondieron a la estructura territorial básica para lo militar, la administración y el gobierno y la administración de justicia que la monarquía española desarrolló especialmente para el gobierno y la administración de los territorios de América, no existiendo en la Península una institución territorial similar; no teniendo el término mismo en la Metrópoli ni siquiera un significado definido. La provincia en España para la organización uniforme del territorio en realidad solo se creó después de sancionarse la Constitución de Cádiz de 1812.

Esta unidad territorial básica de la Provincia en la América, en cambio, fue la circunscripción territorial donde ejercía su autoridad un adelantado al inicio de la labor descubridora y de conquista, y luego un gobernador, que ejercía el poder militar como capitán general, que tenía a su cargo las funciones administrativas, de gobierno y de administración de justicia en el ámbito de la Provincia.

La organización territorial, además llevó a la creación de Virreinatos que se conformaron por agrupación de Provincias en determinados territorios, o a los cuales otras fuera de sus límites inmediatos se les asignaban; y de la creación de Reales Audiencias para la administración de justicia, a las cuales se asignaban igualmente diversas provincias. También, en ciertas partes, de Provincias menos importantes, las mismas se organizaron en Capitanías Generales para lo militar.

En el caso de las Provincias del territorio de lo que hoy es Venezuela, entre 1525 y 1777 se desarrollaron en forma aislada, sin tener ningún tipo de integración entre sí, en buena parte del territorio de Tierra Firme, al norte de la cuenca del río Amazonas, desarrollado por los conquistadores españoles con base en Capitulaciones o licencias que les fueron otorgadas sucesivamente por la Corona, mediante la fundación de ciudades, de pueblos tanto de españoles como de indios, de pueblos de encomienda, de pueblos doctrina y de Misiones.[1]

---

[1] Véase Allan R. Brewer-Carías, *La Ciudad Ordenada. Estudio sobre "el orden que se ha de tener en descubrir y poblar" o sobre el trazado regular de la ciudad hispanoamericana) (Una historia del poblamiento de la América colonial a través de la fundación ordenada de ciudades)*, Segunda edición (Con Presentación de Tomás Ramón Fernández y Prólogos de Graziano Gasparini, Carlos Gómez de Llarena, Federico Vegas y Tony Brewer-Carías), Editorial Jurídica Venezolana, Caracas / New York, 2017.

Esas Provincias que formaron lo que desde 1811 es Venezuela,[2] fueron las siguientes:

1. *Provincia de Margarita (1525)*

La Isla de Margarita fue concedida a Marcelo de VILLALOBOS mediante Capitulaciones de poblamiento otorgadas en Madrid el 18 de marzo de 1525, quedando la misma dependiente política, militar y judicialmente de la recién creada Real Audiencia de Santo Domingo de la Isla Española, y del Virreinato de Nueva España (México).[3]

La Isla, sin embargo, para ese momento ya había sido poblada como soporte al funcionamiento y existencia de la ciudad de Nueva Cádiz, que desde 1508 era el centro de la explotación de perlas más importante del Caribe, situada en la isla de Cubagua.[4]

En 1739, la Isla de Margarita comenzó a estar bajo la jurisdicción del Virreinato de Nueva Granada que había sido restablecido el 20 de agosto de ese año. En lo judicial, sin embargo, continuó bajo la jurisdicción de la Real Audiencia de Santo Domingo, hasta 1786 cuando se creó la Real Audiencia de Caracas. Además, a partir de 1777, la Provincia de Margarita fue

---

[2]   Véase Allan R. Brewer-Carías, "La formación de Venezuela a través del proceso de poblamiento de las Provincias que dieron origen a su territorio," en Enrique Viloria (Coordinador), *Los Ruidos de la Calle. Homenaje a Guillermo Morón*, Ediciones Pavilo, 2020, pp. 37-112. Disponible en http://www.crearensalamanca.com/wp-content/uploads/2020/12/Los-Ruidos-de-la-Calle.-Homenaje-Guillermo-Morón.pdf

[3]   Así se indicó en la *Recopilación de Leyes de los Reynos de Indias*, Madrid 1943, Tomo II, p. 115.

[4]   Para un estudio detallado de la historia de la Provincia de Margarita véase Guillermo Morón, *Historia de Venezuela, op. cit.*, tomo I, pp. 265 y ss., y tomo II, pp. 7 a 110.

integrada con las otras provincias de Venezuela, en la Capitanía General de Venezuela, como unidad político militar separada del Virreinato de Nueva Granada.

2. *Provincia de Venezuela (1528)*

La provincia de Venezuela se creó mediante Capitulaciones firmadas el 27 de marzo de 1528 entre el Rey Carlos V y Enrique EINGUER y Gerónimo SAILLER, en las cuales se le otorgó a ellos o en su defecto, a Ambrosio de ALFINGER y Jorge EINGER, el privilegio de descubrir, conquistar, pacificar y poblar a su "costo e misión" las tierras adentro de las costas situadas al oriente de Santa Marta, "que es el Cabo de la Vela y Golfo de Venezuela y el Cabo de San Román y otras tierras hasta el Cabo de Marcapaná."[5] Tuvo como capital la ciudad de Coro fundada en 1527, hasta que la capital se trasladó a Caracas que había sido fundada años después (1567). La ciudad de Maracaibo formó parte de la Provincia de Venezuela hasta 1676 cuando se creó la Provincia de Maracaibo que abarcó el Corregimiento de Mérida y La Grita.

La Provincia de Venezuela o Caracas estuvo sometida al Virreinato de Nueva España y en lo judicial a la Real Audiencia de Santo Domingo[6] hasta 1717, cuando pasó a formar parte del Virreinato de Nueva Granada y de la Real Audiencia de Santa Fe. En 1731 de nuevo pasó a la jurisdicción de la Audiencia de Santo Domingo, pero por pocos años pues al reorganizarse el Virreinato de Santa Fe en 1739, se le agregó de nuevo la Provincia de Venezuela, que quedó sometida a la jurisdicción de la Audiencia de Santa Fe.

---

[5] Véase el texto de las Capitulaciones en G. Morón, *Historia...,* tomo III, pp. 23 a 28; *Cfr.* J. F. Blanco y R. Azpúrua, *op. cit.,* tomo I, p. 36.

[6] Así se indicó en la *Recopilación de Leyes de los Reynos de Indias,* Madrid 1943, Tomo II, p. 115.

En 1742, por Real Cédula de 12 de febrero se decidió "relevar y eximir al Gobierno y Capitanía General de la Provincia de Venezuela," de toda dependencia del Virreinato de Nueva Granada, con lo cual se ordenó y mandó "que la anunciada Provincia de Venezuela quede desde ahora en adelante con total independencia de ese Virreinato." La Real Cédula atribuyó, además, a los Gobernadores de la Provincia de Venezuela "el velar sobre el cumplimiento de la obligación de las de Maracaibo, Cumaná, Margarita, La Trinidad y la Guayana en lo respectivo al ilícito comercio."[7] Mediante esta Real Cédula se ordenó pasar de nuevo la Provincia de Venezuela a la jurisdicción de la Real Audiencia de Santo Domingo, a la que quedó vinculada hasta 1786, cuando se creó la Real Audiencia de Caracas. Antes, sin embargo, a partir de 1777, la Provincia de Caracas fue integrada con las otras provincias de Venezuela, en la Capitanía General de Venezuela, como unidad político militar separada del Virreinato de Nueva Granada con capital precisamente en la ciudad de Caracas.

Posteriormente, en 1786, la ciudad de Trujillo se separó del gobierno de Caracas y se la agregó a la Provincia de Maracaibo; y en 1811, Coro quedó separada de la Provincia.

Para 1810, el territorio de la provincia de Caracas abarcaba aproximadamente el territorio de los actuales Estado Falcón, Lara, Portuguesa, Yaracuy, Cojedes, Carabobo, Aragua, Guárico, Miranda y del Distrito Capital.

3. *Provincia de la Nueva Andalucía o Cumaná (1568)*

La provincia de Nueva Andalucía o Cumaná se estableció formalmente mediante las Capitulaciones otorgadas por Felipe II a Diego FERNÁNDEZ DE SERPA el 5 de mayo de 1568, por Real

---

[7]   Véase el texto de las Capitulaciones en G. Morón, *Historia...*, tomo III, pp. 23 a 28; *Cfr.* J. F. Blanco y R. Azpúrua, *op. cit.*, tomo I, p. 36

Cédula de 27 de mayo de 1568, quedando como Gobernador y Capitán General de la provincia,[8] dependiente de la Real Audiencia de Santo Domingo a la cual estuvo siempre sometida[9] hasta 1786, cuando se creó la Real Audiencia de Caracas.

Esta provincia fue la más importante del oriente de Venezuela y comprendió en diversas ocasiones las provincias de Trinidad y Guayana. Desde 1591 hasta 1731, la Isla de Trinidad había formado parte de una Provincia de Guayana, bajo la jurisdicción de la Audiencia de Santa Fe, la cual a partir de 1731 y hasta 1762, se unió a la de Nueva Andalucía.[10] La Provincia de la Trinidad de la Guayana continuó, sin embargo, separada a cargo de un Gobernador y Capitán General,[11] integrada desde 1739 al Virreinato de Nueva Granada y luego en 1777, a la Capitanía General de Venezuela. Pero ello sólo por dos años, pues en 1797 fue tomada por Inglaterra, perdiendo España este dominio.[12]

El territorio de la provincia de Nueva Andalucía o Cumaná para 1810 abarcaba aproximadamente el territorio de los actuales Estados Anzoátegui, Sucre y Monagas y parte del actual Estado Delta Amacuro. Ese año de 1810, la Provincia de Barcelona se constituyó en forma separada.

4. *Provincia de Guayana (1568)*

La provincia de Guayana se estableció por Real Cédula de 18 de noviembre de 1568 mediante la cual se ordenó a la Audiencia de Santa Fe que se otorgase Capitulación a Gonzalo JIMÉNEZ DE QUESADA para descubrir y poblar los llanos,

---

8   Véase el texto en G. Morón, *op.cit.*, tomo II, pp. 357 y 358.

9   Así se indicó en la *Recopilación de Leyes de los Reynos de Indias*, Madrid 1943, Tomo II, p. 115

10 *Cfr.* G. Morón, *op. cit.*, tomo II, p. 113.

11 *Idem.*, p. 66.

12 *Cfr.* J. F. Blanco y R. Azpúrua, *op. cit.*, tomo II, p. 177.

provincias y tierras al oriente del Nuevo Reyno de Granada desde el Orinoco hasta el Amazonas,[13] lo cual se hizo efectivo en 1569, y ejecutó su sobrino político, Antonio de BERRÍO[14] quien a partir de 1582 heredó de aquél la Gobernación de Guayana. La provincia quedó bajo la jurisdicción del Virreinato de Nueva España y de la Audiencia de Santa Fe,[15] llegando por el extremo oriente hasta Trinidad, Isla que le quedó integrada (Provincia de Trinidad y la Guayana) hasta 1731, pasando a formar parte entre 1733 y 1762 de la Provincia de Nueva Andalucía.

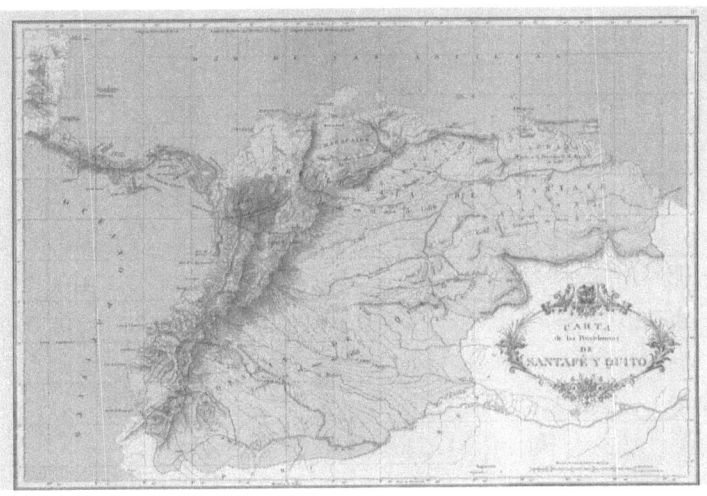

Carta de las Presidencias de Santa Fe y Quito 1564

---

[13]   Como lo indica José del Rey Fajardo S.J, "desde el Pauto del Orinoco-Meta-Candelaria hasta el Papamene del Amazonas y de su complejo hidrográfico naciente." Véase José del Rey Fajardo, *La República de las letras en la babel Étnica de la Orinoquia*, Academia Venezolana de la Lengua, Caracas 2015, p. 38.

[14]   Véase el texto de la capitulación en G. Morón, *op. cit.*, tomo II, pp. 215-216.

[15]   Así se indicó en la Recopilación de Leyes de los Reynos de Indias, Madrid 1943, Tomo II, p. 115.

El territorio de la provincia llegaba hasta el Amazonas, pues desde la decisión del Consejo de Indias de 12 de octubre de 1595, la Corona había entregado a Berrío todas las capitulaciones amazónicas realizadas hasta esa fecha, es decir "todas las Provincias inclusas y comprendidas entre los Ríos Orinoco y Marañón."[16]

En 1762 la Provincia adquirió autonomía, y pasó de estar bajo la jurisdicción de la Audiencia de Santa Fe. Esta situación duró hasta 1776, cuando pasó a depender nuevamente de la Audiencia de Santo Domingo a través de la jurisdicción militar que sobre ella se había otorgado a la Gobernación de la Provincia de Venezuela. En 1768 se agregó a la Provincia la Comandancia General del Orinoco y Río Negro, cuyos linderos llegaban por el sur hasta el Amazonas. En 1771, por Real Cédula de 28 de octubre, se ordenó el cese de la sujeción de la Provincia de Guayana a las órdenes del Gobernador y Capitán General de la de Venezuela, y la subsiguiente subordinación al virreinato de Nueva Granada y su Real Audiencia. Ello duró seis años, hasta 1777, cuando se sometió en lo militar a la Capitanía General de Venezuela y hasta 1786, en lo judicial, cuando pasó a la jurisdicción de la Real Audiencia de Caracas.[17]

La provincia de Guayana para 1810 abarcaba aproximadamente el territorio de los actuales Estados Bolívar, Amazonas y el territorio hasta el río Esequibo.[18]

---

[16] Véase la referencia en José del Rey Fajardo S.J., *Los hombres de los ríos. Jesuitas en Guayana*, Editorial Jurídica Venezolana, Caracas 2019, p. 63.

[17] *Cfr*. G. Morón, *op. cit.*, tomo II, pp. 230-231; J. F. Blanco y R. Azpúrua, *op. cit.*, tomo I, pp. 105-107.

[18] Mediante Decreto de 15 de octubre de 1817, luego de la conquista de la provincia de Guayana, la misma se incorporó formalmente a la

5. *Provincia de Maracaibo (1676)*

La provincia de Maracaibo se estableció por Real Cédula de 31 de diciembre de 1676, cuando se ordenó la anexión de la ciudad de la Nueva Zamora de la Laguna de Maracaibo al Gobierno de Mérida y la Grita, y consiguientemente, a la Real Audiencia de Santa Fe.[19]

En esta forma, la Provincia de Maracaibo se formó, por una parte, a expensas del territorio occidental de la Provincia de Venezuela o Caracas, y por la otra, integrando dicho territorio a la Provincia de Mérida y La Grita. Ésta última había tenido su origen en la labor efectuada por el Gobernador Francisco de Cáceres, de la Gobernación del Espíritu Santo cuya capital fue La Grita, fundada en 1576, y el posterior establecimiento del Corregimiento de Mérida y La Grita en 1607, que comprendía, además, San Cristóbal y San Antonio.

La Provincia de Mérida y La Grita,[20] con rango de Gobernación y Capitanía General, fue creada en 1622, con capital en Mérida, sometida a la Real Audiencia de Santa Fe.[21]

A partir de 1678, la capital de la Provincia de Mérida, La Grita y Maracaibo pasó a la ciudad de Maracaibo; en 1777 la Provincia fue integrada a la Capitanía General de Venezuela y a partir de 1786, pasó a la jurisdicción de la Real Audiencia de Caracas. En esa misma fecha, en virtud de la Real Cédula de 15

Republica, delimitándose su territorio y fijando la casi totalidad de su lindero hacia el este en el río Esequibo. Véase el texto en: http://www.archivodellibertador.gob.ve/escritos/buscador/spip.php?article2 283.

[19] *Cfr*. G. Morón, *op. cit.,* tomo III, p. 400.

[20] Así se indicó en la *Recopilación de Leyes de los Reynos de Indias*, Madrid 1943, Tomo II, p. 115.

[21] Véase el documento respectivo en G. Morón, *op. cit.*, vol. 3, p. 380.

de febrero de 1786, la ciudad de Trujillo, que desde su fundación había pertenecido a la Provincia de Venezuela o Caracas, fue agregada a la Provincia de Maracaibo, y en la misma Real Cédula se segregó de la Provincia el territorio de la Comandancia de Barinas para formar una nueva Provincia, la de Barinas.[22]

El territorio de la provincia de Maracaibo para 1810 abarcaba aproximadamente el territorio de los actuales Estados Zulia, Mérida, Táchira y Trujillo. Ese mismo año, se constituyeron como Provincias separadas, las de Mérida (comprendida La Grita y San Cristóbal) y la de Trujillo.

6. *Provincia de Barinas (1786)*

La provincia de Barinas fue creada por Real Cédula de 15 de febrero de 1786[23] cuyo territorio quedó dentro de la Capitanía General de Venezuela y en la jurisdicción de la Real Audiencia de Caracas, que se había creado ese mismo año. El territorio de la misma comprendió, aproximadamente lo que hoy son los territorios de los Estados Barinas y Apure que fueron segregados de la Provincia de Maracaibo a la que pertenecían.

---

[22] Véase el texto en J. F. Blanco y R. Azpúrua, *op. cit.*, tomo I. pp. 210-212.

[23] *Idem.*

II

LA INTEGRACIÓN DE LAS PROVINCIAS DE VENEZUELA, POR PRIMERA VEZ, EN LA CAPITANÍA GENERAL DE VENEZUELA (1777-1793)

Como antes dijimos, las anteriores seis provincias fueron desarrollándose durante un período de más de 260 años, como entidades aisladas y autónomas, sujetas en cuanto a su gobierno, a un Gobernador y capitán general, que tenía sujeción a la Corona. A diferencia de lo que ocurrió en otras partes de América, donde por ejemplo se crearon Virreinatos que integraban diversas provincias (el caso, por ejemplo, del Virreinato de Nueva España o del Virreinato del Perú), las establecidas en la Tierra Firme no tenían ningún vínculo entre sí. Incluso, algunas de ellas estaban sujetas en lo gubernativo a diferentes Virreinatos (las Provincias de Margarita, Venezuela y Nueva Andalucía, por ejemplo, al Virreinato de Nueva España; y las Provincias de Guayana y Maracaibo, Mérida la Grita al Virreinato de la Nueva Granada) y en lo legislativo y judicial a diferentes Audiencias (las Provincias de Margarita, Venezuela y Nueva Andalucía, por ejemplo, a la Audiencia de Santo Domingo; y las Provincias de Guayana y Maracaibo, Mérida la Grita a la Audiencia de Santa Fe).

La integración de los territorios de esas provincias en una sola entidad gubernativa fue un proceso tardío en la historia americana, que comenzó con la creación por Real Orden de

Carlos III de 8 de diciembre de 1776 de la Intendencia del Ejército y Real Hacienda formada por las provincias de Venezuela, Maracaibo. Guayana, Cumaná e Islas de Margarita y Trinidad, para el manejo de la administración fiscal, y para la política y fomento de la vida económica de las provincias, a cargo de un Intendente.

A ello le siguió la creación de la Capitanía General de Venezuela establecida mediante Real Cédula de 8 de septiembre de 1777,[24] para unir desde el punto de vista gubernativo y militar bajo el mando de un Capitán General con sede en Caracas, un conjunto de provincias dispersas que hasta entonces habían estado bajo la jurisdicción de dos Virreinatos distintos (Nueva España y Nueva Granada) y dos Audiencias distintas (Santo Domingo y la del Nuevo Reyno de Granada), lo que "por la distancia en que se hallaban de su capital Santa Fe, provocaba el retardo en las providencias, con graves perjuicios para el Real servicio."

Por ello en 1777 se resolvió "la absoluta separación de las Provincias de Cumaná, Guayana y Maracaibo e Islas de Trinidad y Margarita del Virreinato y Capitanía General del Nuevo Reyno de Granada y agregarlas en lo gubernativo y militar a la Capitanía General de Venezuela, del mismo modo que lo están,

---

[24]   Véase el texto en J. F. Blanco y R. Azpúrua, *Documentos para la historia de la vida pública del Libertador*, Caracas, Ediciones de la Presidencia de la República, 1876, Tomo I, p. 129. Véase F. González Guinán, *Historia Contemporánea de Venezuela*, Tomo I, Caracas, 1954, p. 11. Véase, además, el texto en *La Capitanía General de Venezuela 1777*, Edición de la Presidencia y del Concejo Municipal del Distrito Federal, Caracas, 1977.

en lo respectivo al manejo de mi Real Audiencia, a la nueva Intendencia erigida en dicha Provincia, y ciudad de Caracas, su capital."[25]

Con ello, las provincias de Venezuela, Cumaná, Guayana, Maracaibo, Islas de Margarita y Trinidad quedaron bajo una sola unidad gubernativa militar al mando de un Capital General con sede en Caracas, capital de la Provincia de Venezuela, a quien los diversos gobernadores debían obedecer en lo militar, conservando ellos su mando político en cada una de sus provincias. La integración de debía por supuesto a los inconvenientes que resultaban de la distancia entre dichas Provincias y Santa Fe donde se encontraba la sede del Virreinato

---

[25] Véase en J.F. Blanco y R. Azpurua, *op. cit.*, p. 129.

de Nueva Granada. Por ello en la Real Cédula de 8 de septiembre de 1777 se integraron también todos los asuntos y apelaciones judiciales por ante la Real Audiencia de Santo Domingo, cesando así las funciones que habían sido asignadas a la Audiencia de Santa Fe.

Posteriormente, en 1786 se creó la Real Audiencia de Caracas, como máxima autoridad judicial de las provincias, cesando las funciones de la Audiencia de Santo Domingo; y en 1793 se creó el Real Consulado de Caracas a cargo de la justicia mercantil, y además, del fomento industrial comercial, obras públicas, y de lo concerniente a la navegación y vialidad, con jurisdicción en todas las mismas provincias de la capitanía General.[26] Todo debe tenerse, como lo observo Caracciolo Parra León, "histórica y jurídicamente, como el fundamento territorial y político del Estado venezolano."[27]

Esa Capitanía General de Venezuela tuvo a partir de entonces un ámbito territorial extensísimo, que por el oriente llegaba hasta el río Amazonas, que siempre fue la frontera este de las Provincias de Nueva Andalucía inicialmente y luego de la Provincia de Guayana.

---

[26] Véase el texto de las reales Cédulas en el libro: *La capitanía General de Venezuela 1777 - 8 de septiembre -1977*, Presidencia de la República, Concejo Municipal del Distrito federal, Caracas, 1977. Véase las referencias en Tulio Chiossone, *Formación Jurídica de Venezuela en la Colonia y la República*, Caracas 1980, p. 89; Guillermo Morón, "El proceso de Integración", *El Nacional*, 26-8-76, p. A-4.

[27] Véase Caracciolo Parra León, en el Preliminar del libro: *La Constitución federal de 1811 y documentos afines*, Academia Nacional de la Historia, Caracas 1959, p. 23-24.

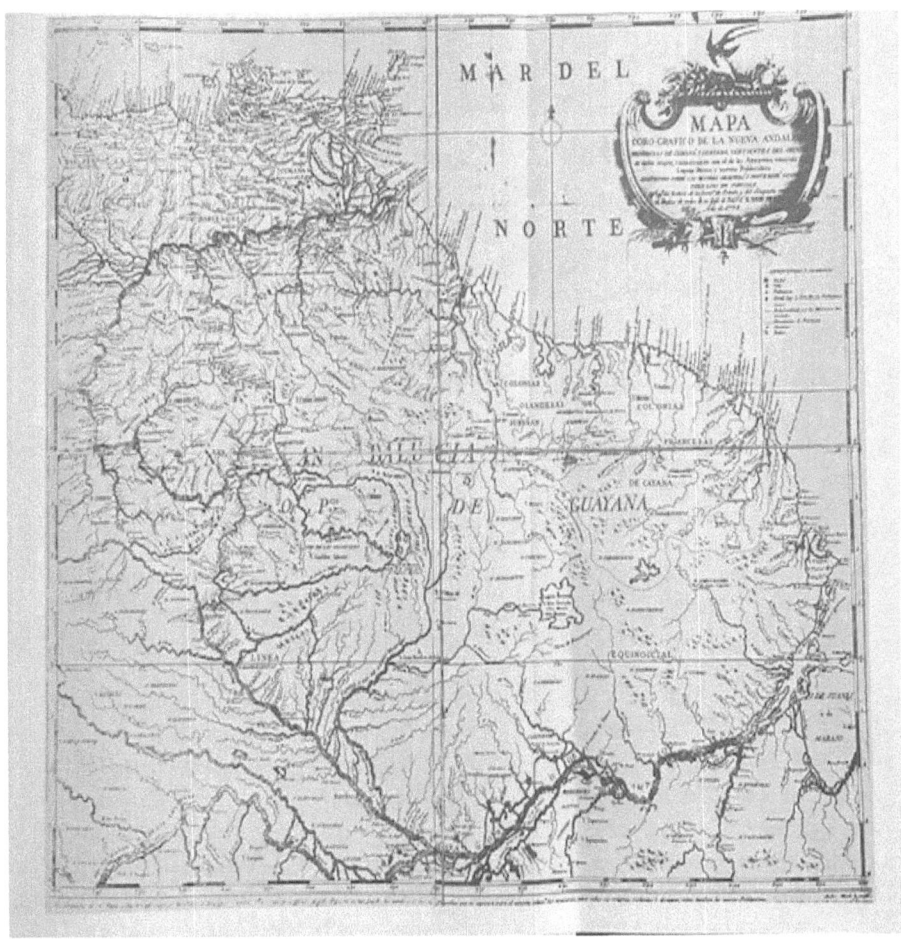

Mapa corográfico de la Nueva Andalucía, Provincias de Cumaná y Guayana,
vertientes del Orinoco Su origen cierto, comunicación con el Amazonas,
situación de la Laguna de Parine y nuevas poblaciones,
Luis de Surville, 1778

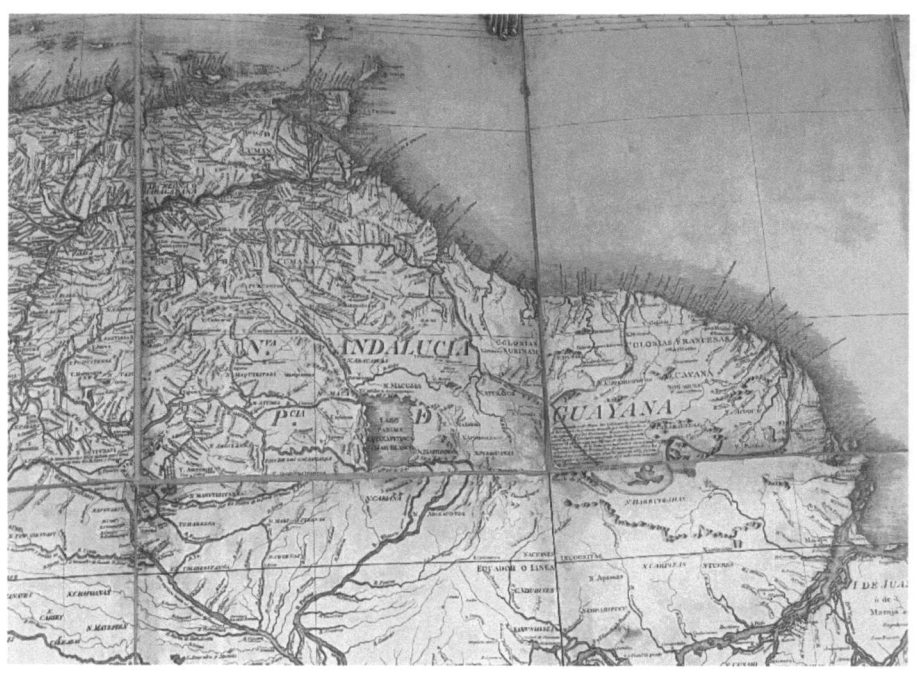

Mapa Geográfico de América Meridional de Juan de la Cruz Cano y Olmedilla (1795), originalmente elaborado bajo la dirección del gobierno español con base en todo el material cartográfico existente en la época, específicamente colectado por José de Ayala y de los informes de la Misiones de los Jesuitas y otros misioneros. Es quizás el más importante mapa de América del Sur impreso en el siglo XXVIII. Su producción fue inicialmente comisionada por Thomas Jefferson in 1786, y dado el interés político para Inglaterra y Norte América por el proceso de independencia de Latinoamérica, solo fue publicado una década después en 1799, modificado por John Faden, con la supervisión de Francisco de Miranda, con seguimiento en correspondencia, entre otros, con Alexander Hamilton y James Madison. El propósito inicial fue delinear la frontera entre España y las colonias portuguesas, identificándose con claridad el área de la Provincia de Nueva Andalucía y Provincia de Guayana con extensión hasta el río Amazonas; y la frontera entre Venezuela y las Colonias denominada Surinan en el río Esequibo

Debe mencionarse, sin embargo, que en la costa atlántica de dicha Provincia de Guayana, desde 1648, con ocasión del Tratados de la Paz de Münster y de Westfalia, mediante los cuales después de la guerra de Flandes o de los ochenta años España reconoció la independencia de las provincias Unidas de los Países Bajos, en dichos instrumentos le reconoció la posesión de colonias holandesas de naturaleza comercial en territorios españoles, entre ellas en América del Sur, situadas al este del río Esequibo, que constituían exclusivamente tres asentamientos perfectamente delineados en los ríos Berbice, Demarera y Esequibo, con el compromiso por parte de los Países Bajos de no ocupar nuevos territorios. Con el Tratado, en todo caso, la frontera entre esos asentamientos comerciales holandeses y la Provincia de Guayana de Venezuela quedó situada en el río Esequibo.

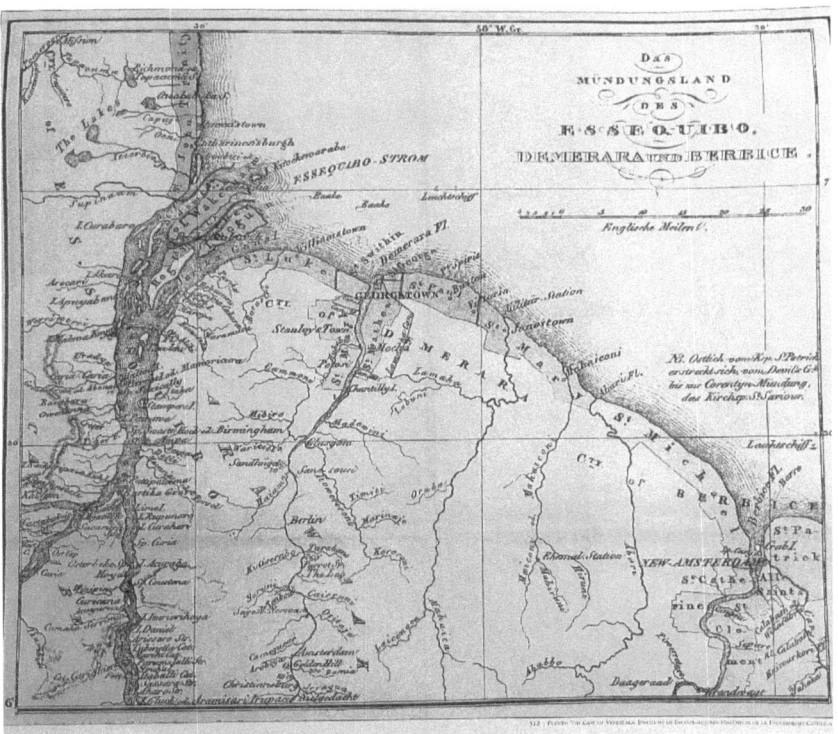

Das Mündungsland des Essequibo, Demerara und Berbice 1847

31

III

EL TERRITORIO DE LA CONFEDERACIÓN DE LAS PROVINCIAS DE VENEZUELA DEFINIDO CON SU ENUMERACIÓN EN LAS CONSTITUCIONES DEL 21 DE DICIEMBRE DE 1811 Y 11 DE AGOSTO DE 1819

Al momento de la constitución de la Junta Conservadora de los Derechos de Fernando VII en Caracas, el 19 de Abril de 1810,[28] y del inicio del proceso de Independencia de Venezuela, el esquema territorial que existía conforme a las previsiones de la Capitanía General de Venezuela de 1777 era el siguiente comparado en líneas generales con los Estados actuales de la federación:

La *Provincia de Margarita*, el territorio del Estado Nueva Esparta;

La *Provincia de Venezuela o Caracas*, los territorios de los Estados Falcón, Lara, Portuguesa, Yaracuy, Cojedes, Carabobo, Aragua, Guárico, Miranda, y el Distrito Capital;

La *Provincia de Cumaná o Nueva Andalucía,* los territorios de los Estados Anzoátegui, Sucre, Monagas y parte del territorio del Estado Delta Amacuro;

---

[28] Véase en Allan R. Brewer-Carías, *Las Constituciones de Venezuela*, Academia de Ciencias Políticas y Sociales, Caracas 2008, Tomo I, pp. 531-533.

La *Provincia de Guayana*, los territorios de los Estados Bolívar, Amazonas y parte del Delta Amacuro;

La *Provincia de Maracaibo*, los territorios de los Estados Zulia, Mérida, Táchira y Trujillo; y

La *Provincia de Barinas*, los territorios de los Estados Barinas y Apure.

En los meses subsiguientes al 19 de abril de 1810, se establecieron tres nuevas provincias: el 27 de abril, se constituyó una Junta Provincial en Barcelona, dando origen a la *Provincia de Barcelona*, con parte del territorio de la que era la Provincia de Nueva Andalucía o Cumaná;[29] el 16 de septiembre de 1810, en la ciudad de Mérida se constituyó una Junta que asumió la autoridad soberana, constituyéndose la *Provincia de Mérida* con parte del territorio de la Provincia de Maracaibo, a la que se sumaron las ciudades de La Grita (11-10-1810) y San Cristóbal (28-10-1810); y el 9 de octubre de 1810, al constituirse una Junta se estableció la *Provincia de Trujillo*, con parte del territorio que correspondía a la Provincia de Maracaibo.[30]

En consecuencia, para finales de 1810, el territorio de Venezuela estaba integrado por las siguientes nueve Provincias: *Margarita, Caracas, Cumaná, Guayana, Maracaibo, Barinas, Barcelona, Mérida y Trujillo.*

La declaración solemne de la Independencia el 5 de julio de 1811[31] se adoptó por los representantes de las Provincias de Caracas, Cumaná, Barinas, Margarita, Barcelona, Mérida y

---

29 Véase en J. F. Blanco y R. Azpúrua, *op.cit.,* tomo II, p. 411.

30 Véase los textos en el libro *Las Constituciones Provinciales*, Biblioteca de la Academia Nacional de la Historia, Caracas 1959, pp. 341 a 350.

31 Véase en Allan R. Brewer-Carías, Las Constituciones de Venezuela, *op. cit.*, Tomo I, pp. 545-548.

Trujillo. Igualmente, fueron esos mismos representantes de las mismas provincias reunidos en Congreso General, los que sancionaron la Constitución federal de las provincias Unidas de Venezuela del 21 de diciembre de 1811.[32] Como no habían participado en esos actos los representantes de las Provincias de Guayana y Maracaibo, así como tampoco de Coro que, si bien pertenecían a la Provincia de Caracas, no se sumaron a la declaración de independencia y quedaron sometidas a la Corona, en el artículo 128 de la Constitución quedó declarado que:

> "luego que libres de la opresión que sufren las provincias de Coro, Maracaibo y Guayana puedan y quieran unirse a la Confederación, serán admitidas a ella, sin que la violenta separación en que a su pesar y el nuestro han permanecido, pueda alterar para con ellas los principios de igualdad, justicia, fraternidad de que gozarán, desde luego, como todas las demás provincias de la Unión."

Con base en esta previsión, una vez conquistada la provincia de Guayana, en virtud de que con ello, la misma quedaba "por primera vez" "bajo la protección de las armas y leyes de la República," Bolívar emitió un Decreto el 15 de octubre de 1817, declarando formalmente que ducha provincia "en toda su extensión queda reunida al territorio de Venezuela, y formará desde hoy una parte integrante de la República" (art. 1), dividiéndola en tres departamentos: el Departamento del Alto Orinoco, el Departamento del Centro, y el Departamento del Bajo Orinoco; identificando éste último con los siguientes linderos:

> "Al Norte: las corrientes de Orinoco desde la boca del Caroní hasta la embocadura al mar por río grande, y la costa del mar hasta el fuerte Muruca exclusive. Al Oriente, y Sur:

---

[32]   *Ídem*, Tomo I, pp. 553-579.

los límites con las posesiones extranjeras. Al Occidente: los que se han señalado al Departamento del centro por el Oriente."[33]

Ese límite oriental de la provincia "con las posesiones extranjeras" no era otro que el río Esequibo en cuya ribera oriental se había desarrollado la región conocida como "Esequibo" de la Guayana Neerlandesa; y por la costa atlántica seguía hasta el "fuerte Muruca" (Moroco), que se había establecido en 1726 en la desembocadura del río Moruco ubicado en la parte occidental de la desembocadura del río Pomeroon (Poumaron); que era el límite con la región conocida como Pomeroon de la Guayana Neerlandesa, donde se había ubicado la población de *Nieuw Middelburg* y la fortaleza llamada *Nieuw Zeeland* (1658).

Esa demarcación territorial, en todo caso, fue la única que se hizo en la República, antes de la sanción de la Constitución de Angostura de 10 de agosto de 1819,[34] la cual en la misma orientación de la Constitución de 1811, fue decretada "por nuestros representantes, diputados al efecto por las provincias *de nuestro territorio que se han liberado ya del despotismo español*," definiendo el ámbito del mismo en el Título II, Sección Primera, artículo 2, mediante la enumeración de las 10 provincias en las cuales se dividió, así:

---

[33] Véase "Decreto del Libertador Simón Bolívar fechado en Angostura el 15 de octubre de 1817, por el cual incorpora la Provincia de Guayana a la República de Venezuela y señala sus departamentos." Disponible en: http://www.archivodellibertador.gob.ve/escritos/buscador/spip.php?article2283

[34] *Ídem*, Tomo I, pp. 619-641.

"el territorio de la República de Venezuela se divide en diez Provincias que son: *Barcelona, Barinas, Caracas, Coro, Cumaná, Guayana, Maracaibo, Margarita, Mérida y Trujillo*. Sus límites y demarcaciones se fijarán por el Congreso".

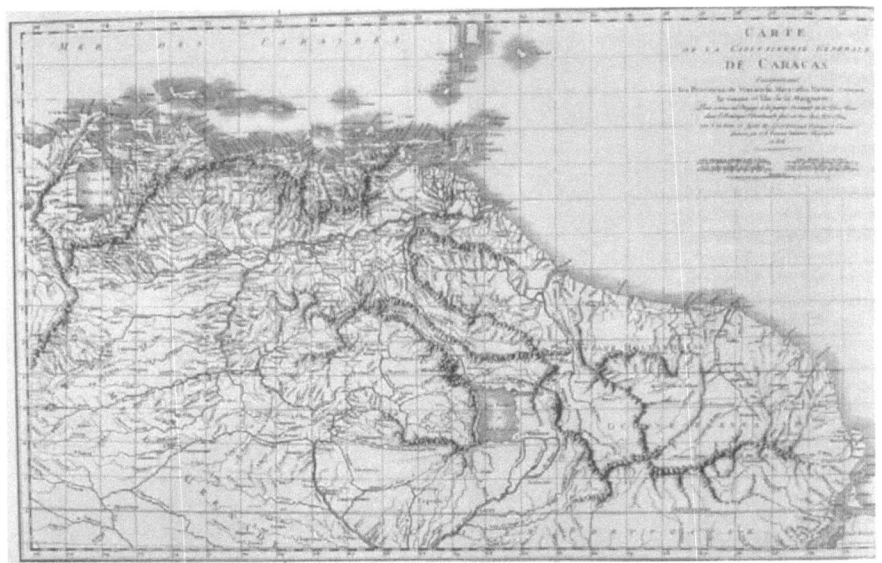

**Carte de la Capitainerie Générale de Caracas,
Francisco de Pons, 1805**

IV

EL DEFINICIÓN DEL TERRITORIO DEL ESTADO EN LA LEY FUNDAMENTAL DE LA REPÚBLICA DE COLOMBIA COMO EL FORMADO POR LA ANTIGUA CAPITANÍA GENERAL DE VENEZUELA DE 1777

Cuatro meses después de sancionarse la Constitución de 1819, el mismo Congreso de Angostura a propuesta del Libertador Simón Bolívar, quién regresaba de la Nueva Granada después de haber librado las batallas de Pantano de Vargas y Boyacá, sancionó la Ley Fundamental de la República de Colombia el 17 de diciembre de 1819,[35] disponiendo en su artículo 2 que el territorio de la nueva "República de Colombia" que se creaba, era con la reunión de "las Repúblicas de Venezuela y la Nueva Granada" (art. 1), y comprendía:

> "la antigua *Capitanía General de Venezuela* y el Virreinato del Nuevo Reino de Granada, abrazando una extensión de 115.000 leguas cuadradas, cuyos términos precisos se fijarán en mejores condiciones."

Con esta Ley Fundamental, comenzó en el constitucionalismo venezolano a definirse el territorio, no ya mediante la enumeración de las provincias que lo habían conformado, sino

---

[35] *Ídem*, Tomo I, pp. 643-644.

con referencia al territorio que había sido de la Capitanía General de Venezuela creada en 1777 como unidad política.

Con esta fórmula constitucional, por tanto, se produjo la derogación tácita del decreto del Libertador de 15 de octubre de 1817 que como se dijo, al fijar la frontera este de la provincia de Guayana en el río Esequibo, había dejado fuera una pequeña porción en la línea de la playa del mar Atlántico al oeste de la desembocadura del río Esequibo hasta el río Moruco, que no era conforme con los límites de la Provincia de Guayana en el ámbito de la Capitanía General de Venezuela, que corría a todo lo largo el río Esequibo.

Con la sanción de la Ley Fundamental de 1819, el Congreso de Angostura se declaró en receso para convocar un Congreso General a reunirse en la Villa de Nuestra Señora del Rosario en los valles de Cúcuta, el cual una vez reunido, esta vez con representantes no solo de las provincias de Venezuela sino de la Nueva Granada, sancionó su propia Ley Fundamental de la Unión de los pueblos de Colombia de fecha 12 de julio de 1821,[36] en la cual, en el mismo sentido de la ley Fundamental de 1819, sobre el territorio se dispuso:

"Art. 5. El territorio de la República de Colombia será comprendido dentro de los límites de la antigua *Capitanía General de Venezuela* y el Virreinato y Capitanía del Nuevo Reino de Granada. Pero la asignación de sus términos precisos queda reservada para tiempo más oportuno".

Posteriormente, en la Constitución de la República de Colombia de 30 de agosto de 1821 sancionada por el Congreso de Cúcuta, y conforme a la orientación de las Leyes

---

[36] *Ídem*, Tomo I, pp. 645-646.

Fundamentales de 1819 y 1821, el territorio de la República, igualmente se definió así:

"Art. 6. El territorio de Colombia es el mismo que comprendían el antiguo Virreinato de la Nueva Granada y *Capitanía General de Venezuela.*"

En esta forma, como se ha dicho, en la demarcación del territorio se siguió el principio del derecho internacional público americano conocido como el *uti possidetis juris*, según el cual la República de Colombia tenía derechos sobre los territorios que correspondían, en 1810 a la Capitanía General de Venezuela y al Virreinato de Nueva Granada, de tal manera que los límites territoriales de Venezuela eran los mismos que correspondían en ese año a dichas entidades coloniales.[37]

Esos territorios, por lo que se refiere a la Provincia de Guayana se extendían hasta el río Esequibo, como se expresó, por ejemplo, en la *Carta* de las provincias que fueron del Virreinato de Nueva Granada y de la Capitanía General de Venezuela como eran en 1742.

---

[37] Véase Ernesto Wolf, *Tratado de Derecho Constitucional Venezolano*, Tomo I, Caracas, 1945, p. 40.

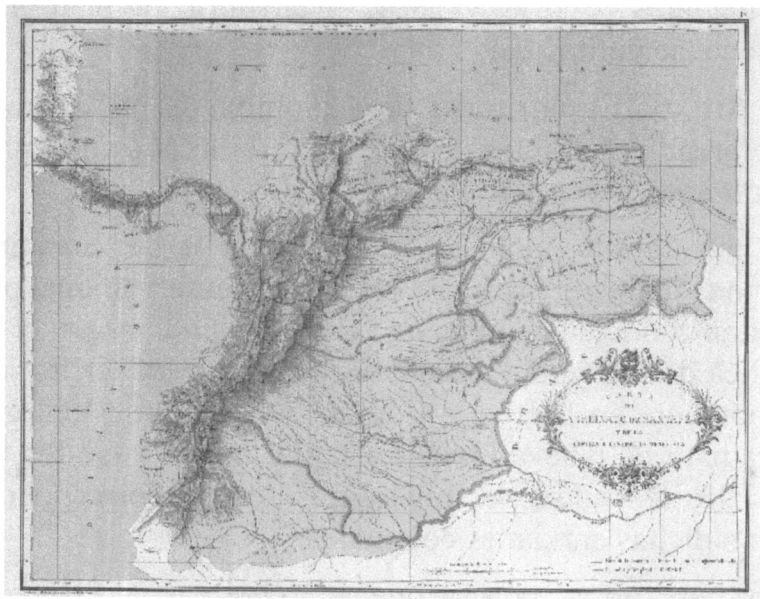

Carta del Virreinato de Santa Fe y de la Capitanía General de Venezuela

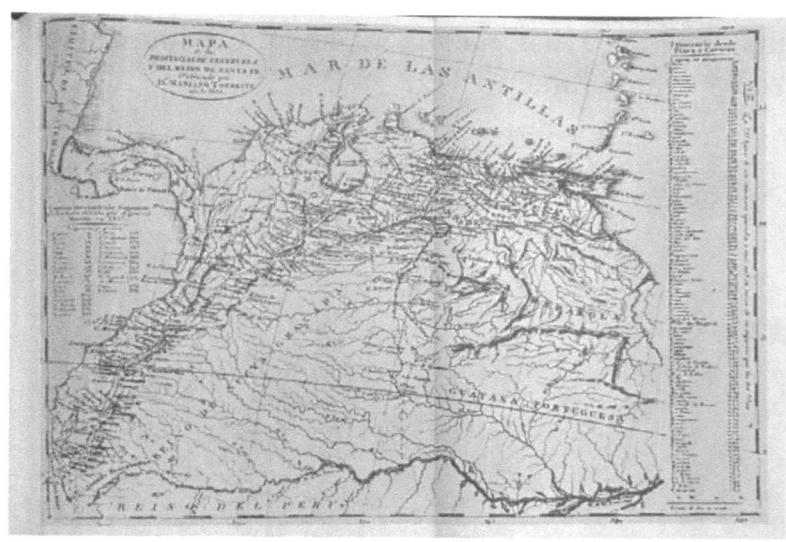

Mapa de las Provincias de Venezuela y del Reino de Santa Fe,
por Mariano Torrente 1831

*Mapa de Venezuela, la Guayana Británica (Guayana Inglesa),
la Guayana Holandesa (Hoy Surinam) y la Guayana Francesa, publicado en
Boston, 1821 (Cummings & Hilliard). Muestra el Río Esequibo como el
Limite oriental de Venezuela*

V

LA DELIMITACIÓN DEL TERRITORIO DE LOS DEPARTAMENTOS DE LO QUE HABÍA SIDO EL TERRITORIO DEL ESTADO DE VENEZUELA, CONFORME A LAS LEYES DE DIVISIÓN TERRITORIAL DE LA REPÚBLICA DE COLOMBIA DE 1821 Y 1824

Conforme al criterio adoptado en la Constitución de la República de Colombia de 30 de agosto de 1821, por lo que se refiere a los territorios de las provincias de las antiguos Capitanía general de Venezuela y del Nuevo Reino de Granada, los mismos se comenzaron a definir legalmente, al mes siguiente, mediante la "Ley sobre la organización y régimen político de los departamentos, provincias y cantones en que se divide la República" de 2 de octubre de 1821.[38]

En dicha Ley, por lo que se refiere al territorio de Venezuela, entre los siete Departamentos en que se dividió la República, se identificaron los siguientes tres, integrando diez provincias:

Departamento del Orinoco, que incluyó las provincias de Guayana, Cumaná. Barcelona y Margarita;

---

[38] Véase el texto en *Cuerpo de Leyes de la República de Colombia 1821-1827*, (Introducción: J. M. Siso Martínez), Consejo de Desarrollo Científico y Humanístico, Universidad Central de Venezuela, Caracas 1961, pp. 76-81.

Departamento de Venezuela, que incluyó las provincias de Caracas y Barinas; y

Departamento del Zulia, que incluyó las provincias de Coro, Trujillo, Mérida y Maracaibo.

Posteriormente, el Congreso dictó la primera Ley sobre división territorial de la República de Colombia del 25 junio de 1824,[39] disponiendo la división del territorio de esta, identificándose entre los doce Departamentos de la República, los cuatro ubicados en lo que había sido el territorio de Venezuela, integrando doce provincias:

Departamento del Orinoco, incluyendo las provincias de Cumaná, Guayana, Barcelona y Margarita;

Departamento de Venezuela, incluyendo las provincias de Caracas y Carabobo;

Departamento de Apure, incluyendo las provincias de Barinas y Apure; y

Departamento del Zulia, incluyendo las provincias de Maracaibo, Coro, Mérida y Trujillo.

La Ley de división territorial de 1824 fue muy detallista en cuanto a las subdivisiones del territorio de las provincias de cada departamento, definiendo los cantones.

Por lo que se refiere a las doce provincias de los territorios de Venezuela (*Cumaná, Guayana, Barcelona, Margarita, Caracas, Carabobo, Barinas, Apure, Maracaibo, Coro, Mérida y Trujillo*), agrupadas en cuatro Departamentos, se especificó su composición en Cantones en la forma siguiente:

---

[39] Véase el texto en Cuerpo *de Leyes de la República de Colombia 1821-1827, op. cit*, Caracas 1961, pp. 191-195.

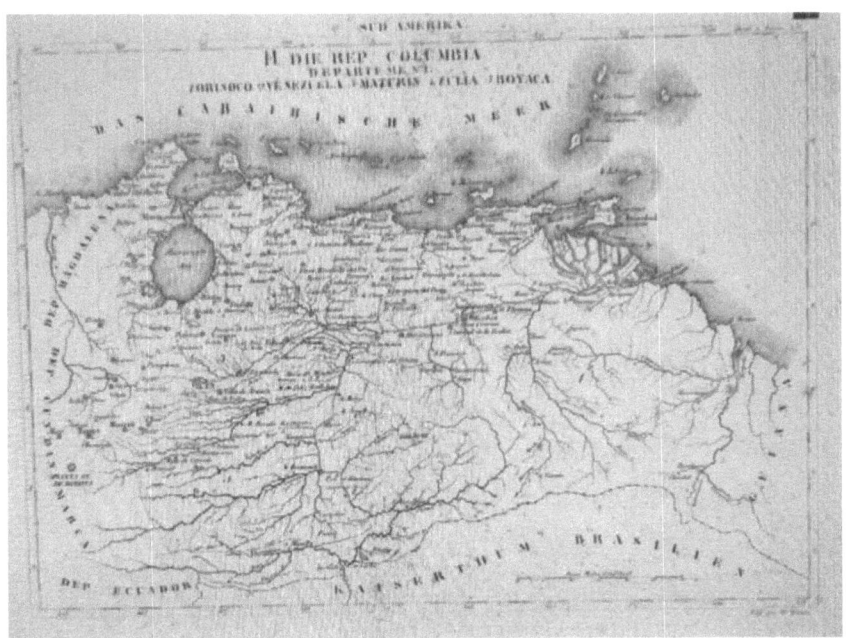

*Mapa del Departamento de Venezuela de la República de Colombia
(1821-1830), con la frontera este en el río Esequibo*

Departamento del Orinoco (cuatro provincias)

Provincia de Cumaná: con capital Cumaná, y los siguientes ocho Cantones: Cumaná, Cumanacoa, Aragua cumanés, Maturín, Cariaco, Carúpano, Río Caribe y Güiria.

Provincia de Guayana: con capital Santo Tomé de Angostura, y los siguientes nueve Cantones: Santo Tomé de Angostura, Río Negro (cabecera Atabapo), Alto Orinoco (cabecera Caicara), Caura (cabecera Moitaco), Guayana vieja, Caroní, Upata (cuya frontera oriental era el río Esequibo), La Pastora, y La Barceloneta.

Provincia de Barcelona: con capital Barcelona, y los siguientes seis Cantones: Barcelona, Píritu, Pilar, Aragua, Pao y San Diego.

Provincia de Margarita: con capital La Asunción, y los siguientes dos Cantones: La Asunción y El Norte.

Departamento de Venezuela (dos provincias)

Provincia de Caracas: con capital Caracas, y los siguientes doce Cantones: Caracas, Guira, Caucagua, Rio Chico, Sabana de Ocumare, La Victoria, Maracay, Cura, San Sebastián, Santa María de Ipire, Chaguaramas y Calabozo.

Provincia de Carabobo: con capital Valencia, y los siguientes nueve cantones: Valencia, Puerto Cabello, Nirgua, San Carlos, San Felipe, Barquisimeto, Carora, Tocuyo y Quíbor.

Departamento de Apure (dos provincias)

Provincia de Barinas: con capital Barinas, y los siguientes diez cantones: Barinas, Obispos, Mijagual, Guanarito, Nutrias, San Jaime, Guanare, Ospino, Araure y Pedraza.

Provincia de Apure: con capital Achaguas, y los siguientes cuatro cantones: Achaguas, san Fernando Mantecal y Guadualito.

Departamento del Zulia (cuatro provincias)

Provincia de Maracaibo: con capital Maracaibo y los siguientes cinco cantones: Maracaibo, Perijá, San Carlos del Zulia, Jibraltar y Puerto de Altagracia.

Provincia de Coro: con capital Coro y los siguientes cinco cantones: Coro, San Luis, Paraguaná (cabecera Pueblo Nuevo), Casigua y Cumarebo.

Provincia de Mérida: con capital Mérida y los siguientes siete cantones: Mérida, Mucuchíes, Ejido, Bailadores, La Grita, San Cristóbal y San Antonio del Táchira.

Provincia de Trujillo: con capital Trujillo y los siguientes cuatro cantones: Trujillo, Escuque, Boconó y Carache.

Posteriormente, la "Ley Adicional a la del año 14 sobre división territorial de la República" de 18 de abril de 1826[40] decretó el siguiente reacomodo respecto de los Departamentos del territorio de Venezuela:

Art. 1. El departamento de Apure se denominará en lo sucesivo *departamento del Orinoco*, comprenderá la provincia de Guayana, a más de las de Barinas y Apure en que se divide por el artículo 4 de la ley de 23 de junio de 1824, año 14 sobre división territorial de la República.

Art. 2. Las provincias de Cumaná, Barcelona y Margarita, formarán un Departamento con el nombre de *departamento de Maturín.*

---

[40] Véase en el Cuerpo de *Leyes de la República de Colombia 1821-1827,* *op. cit.* pp. 440 y 441.

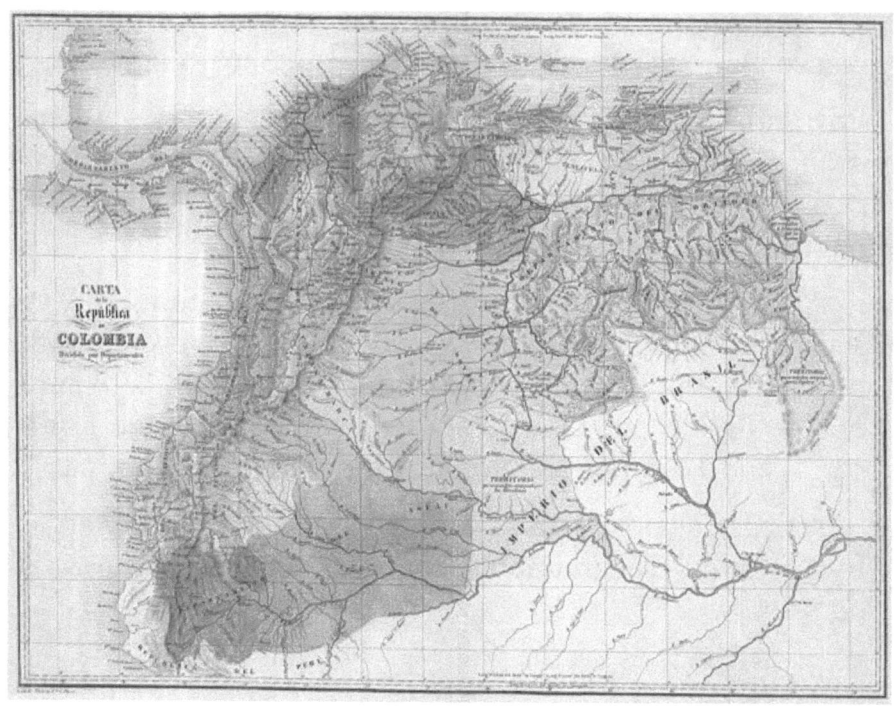

Carta de la República de Colombia dividida en 12 departamentos en 1824.
Por Agustín Codazzi, Tomado del Atlas físico y político de la
República de Venezuela, 1840.

VI

LA DELIMITACIÓN DEL TERRITORIO DE LA REPÚBLICA DE VENEZUELA EN LA CONSTITUCIÓN DEL ESTADO DE VENEZUELA 1830, DEFINIDA EN EL *ATLAS* OFICIAL DE AGUSTÍN CODAZZI

Al producirse la separación de Venezuela de la República de Colombia, en la Constitución de Venezuela de 1830,[41] conforme a los principios sentados desde 1819, se definió el territorio de Venezuela en la siguiente forma:

Art. 5. El territorio de Venezuela comprende todo lo que antes de la transformación política de 1810 se denominaba Capitanía General de Venezuela. Para su mejor administración se dividirá en provincias, cantones y parroquias, cuyos límites fijará la Ley.

Esta norma de la Constitución de 1830 quedó con la misma redacción básica en las Constituciones venezolanas posteriores, pero con un agregado importante en el sentido de que el territorio de la República no solo era el mismo de la antigua Capitanía General de Venezuela, sino el mismo que existía "antes de la transformación política de 1810," con lo cual, de nuevo, y por lo que se refiere al Estado Venezolano quedaba derogado, de nuevo tácitamente, el decreto de Bolívar de 15 de

---

41 Véase en Allan R. Brewer-Carías, *Las Constituciones de Venezuela*, *op. cit.,* Tomo I, pp. 707-730.

octubre de 1817 por lo que se refiere a parte del límite este de la provincia de Guayana que quedaba completo a todo lo largo del río Esequibo.

En esa forma, el nuevo Estado reconstituido de Venezuela comenzó su existencia en 1830 con la división territorial que se había establecido en la Ley de división territorial de la República de Colombia de 25 de junio de 1824 para las doce provincias de los Departamentos de *Orinoco, Venezuela, Apure y Zulia* de la anterior República de Colombia.

La evidencia gráfica de la división territorial de Venezuela para 1840 quedó plasmada en el Atlas Físico y Político de la República de Venezuela dedicado por su autor, el coronel de Ingenieros, Agustín Codazzi al Congreso Constituyente de 1830,[42] que el Poder Ejecutivo le encomendó en forma oficial y expresa a Codazzi en cumplimiento del decreto del propio Congreso de 13 de octubre de 1830, sobre "formación de los planos de las provincias de Venezuela, que reúnan noticias de geografía, física y estadística" (art. 1).[43]

---

[42] La reproducción íntegra del *Atlas* con todas sus Cartas está disponible en: http://www.cervantesvirtual.com/obra-visor/atlas-fisico-y-politico -de-la-republica-de-venezuela--0/html/ff6060ac-82b1-11df-acc7-002 185ce6064_19.html

[43] Véase Agustín Codazzi, *Atlas Físico y Político de la República de Venezuela dedicado por su autor, el Coronel de Ingenieros, Agustín Codazzi al Congreso Constituyente de 1830*, Caracas 1840.

Detalle de la Portada del Atlas de Agustín Codazzi

La "Viñeta", obra de Carmelo Fernández, como se explica en el Atlas, "representa a Venezuela sentada sobre una roca a la sombra del plátano: corre a sus pies el majestuoso Orinoco cerca de una gran peña en que están toscamente grabados los días de la regeneración venezolana y los nombres de las más célebres batallas de la guerra de la independencia. Mas ni los fastos y trofeos militares que están a su lado, ni esas armas que rompieron sus cadenas, llaman exclusivamente la atención. El código de sus derechos es su fuerza y su esperanza: apoyada sobre él, busca en otra parte la fuente más pura de su gloria y de su felicidad. El tigre, el caimán y la tortuga, caracterizan el Orinoco. La gran ceiba, las palmas, las lianas, las pantas parásitas y otras muchas, indican la copia y variedad de riqueza que ostenta el reino vegetal en las tierras intertropicales. En las llanuras se ve el caballo cerril, símbolo de la independencia: la piragua que atraviesa el Orinoco, indica la paz que reina con las tribus indígenas que viven sobre aquel gran río, y el fondo de la perspectiva manifiesta nuestras grandes montañas y las nieves perpetuas que coronan la elevada sierra de Mérida."

En dicho *Atlas* está publicado el *Mapa Político de la república de Venezuela en 1840*, en el cual aparece la República dividida en once provincias:

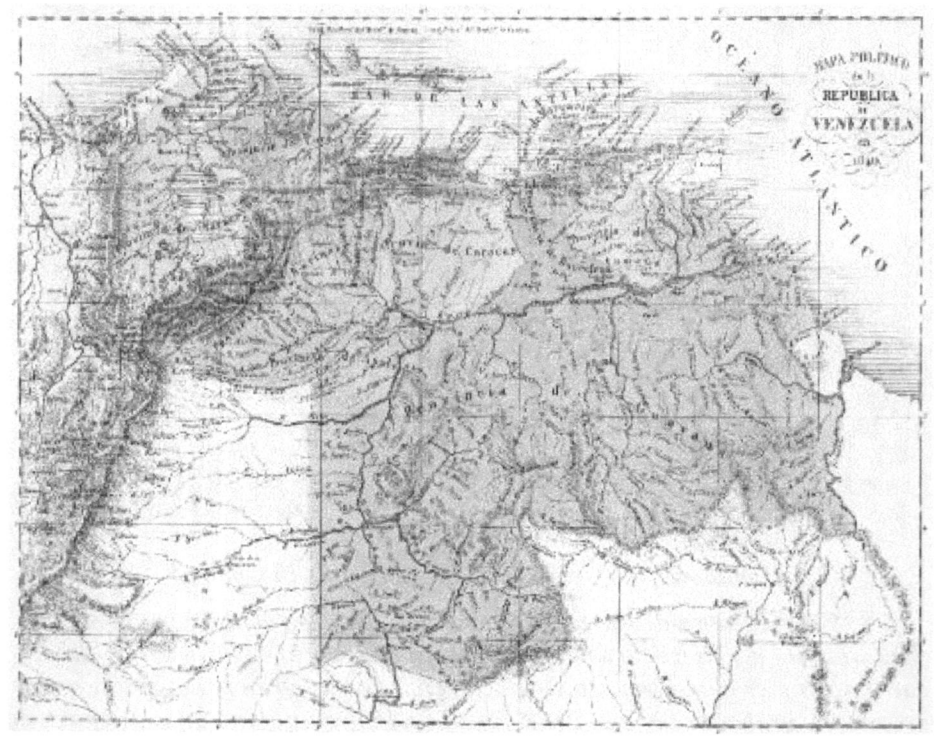

Mapa político de la República de Venezuela en 1840, **Tomado del** *Atlas físico y político de la República de Venezuela*, *Agustín Codazzi*, 1840

1. Provincia de Maracaibo

2. Provincia de Coro

3. Provincia de Mérida

4. Provincia de Trujillo

5. *Provincia de Barinas*

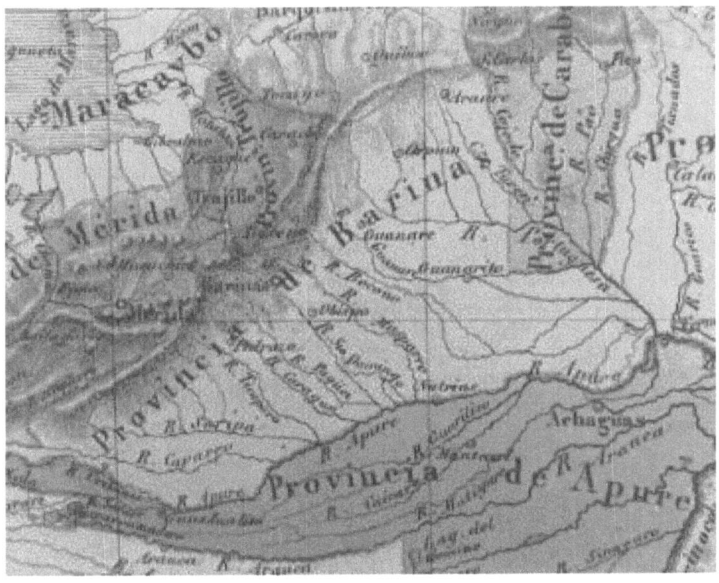

6. *Provincia de Apure*

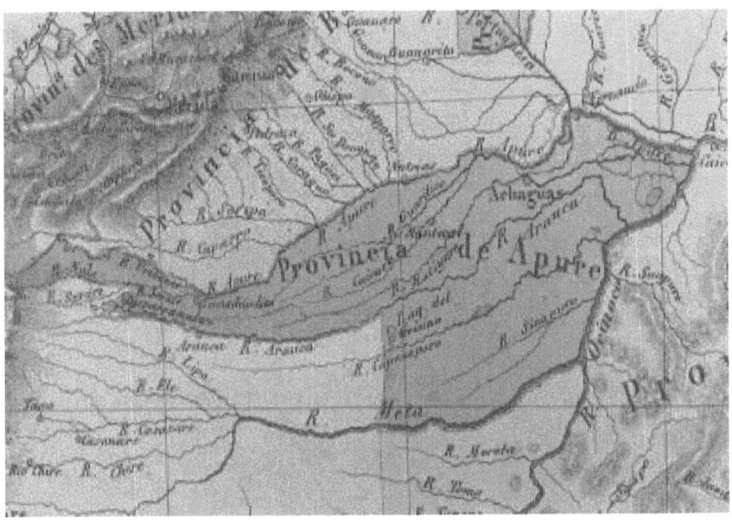

7. *Provincia de Caracas*

8. *Provincia de Barcelona*

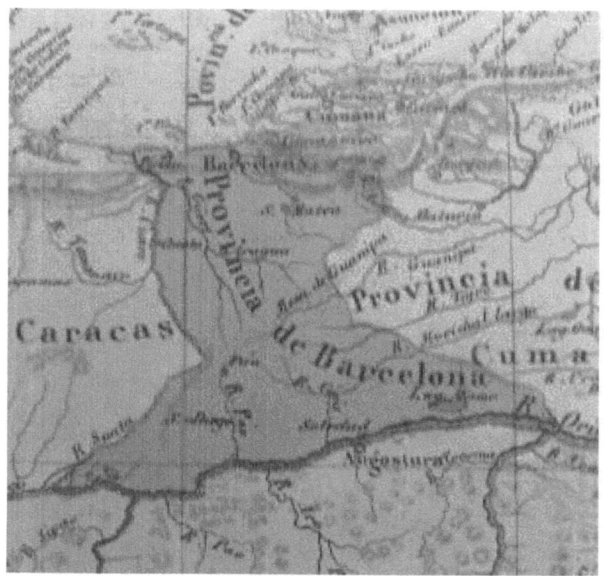

9. *Provincia de Margarita*

10. *Provincia de Cumaná*

11. Provincia de Guayana

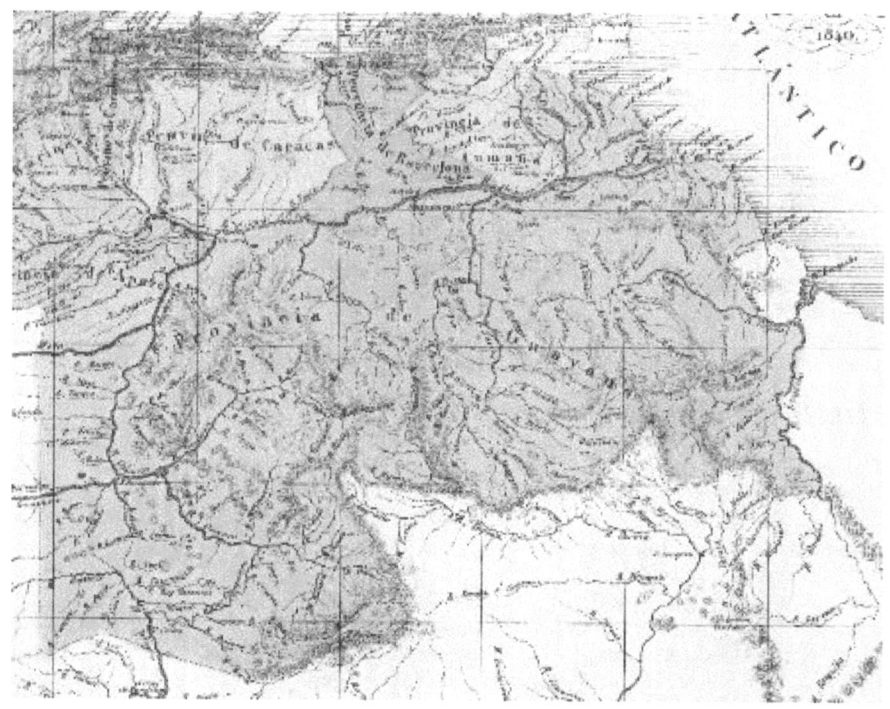

Debe notarse que en la *Carta de la República de Colombia dividida en 12 departamentos* en 1824, publicada por Agustín Codazzi, en el *Atlas físico y político de la República de Venezuela*, en 1840, a la cual ya hemos hecho referencia, el territorio de Cantón de Upata de la Provincia de Guayana se extiende hasta el río Esequibo, con exclusión de la zona entre la desembocadura del río Moruco y el río Esequibo, que aparece en este caso con la indicación de: *"TERRITORIO QUE SE CONSIDERA USURPADO POR LOS INGLESES,"* lo que se repite en la zona de la ribera Oeste de las nacientes del río Esequibo.

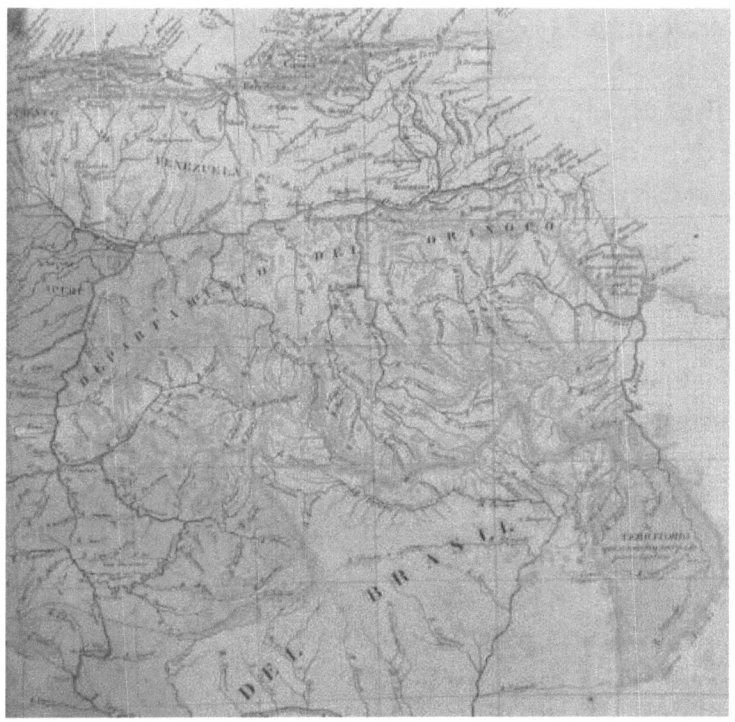

Detalle del Mapa de la Republica de Colombia de Codazzi (1824), con la
indicación de las zonas ocupadas por los ingleses en el Cantón Upata de la
Provincia de Guayana. Tomado del *Atlas físico y político de la República de*
Venezuela, Agustín Codazzi, 1840

Por ello, en el libro del mismo Agustín Codazzi, *Resumen de la geografía de Venezuela. Formado sobre el mismo plan que el de Balbi y según los conocimientos prácticos adquiridos por el autor en el curso de la Comisión Corográfica que puso a su cargo el Gobierno de Venezuela*, Imprenta de H. Fournier y Compañía, Calle de Saint-Benoit. No. 7 Paris 1841, describe la frontera oriental de la provincia de Guayana, con la Guayana inglesa, desde el punto de la desembocadura del río Rupununi en el río Esequibo en el sur, y desde allí:

"la línea se demarca por la margen izquierda del Esequibo hasta su confluencia con el Caroní. Por el curso de este río va a encontrar la boca del río Tupurú, cuyas aguas remontan. Se dirige a las cabeceras del Moroco, y bajándole va a terminar en el Océano Atlántico, frente al Cabo Nasan en la boca del río Pomerón. Aquí termina el límite con la Guayana inglesa." (pp. 5, 607-608).

Al hacer la descripción de la extensión de la provincia de Guayana, Codazzi explica:

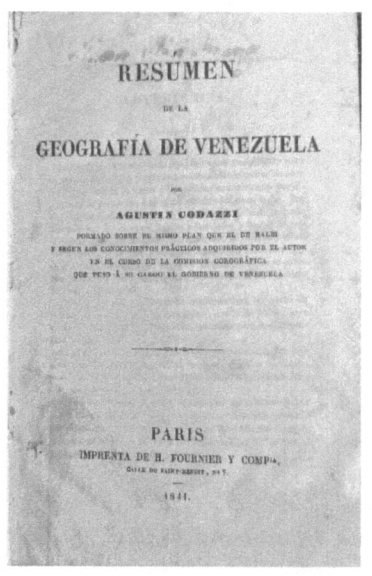

"El máximun de E. a O. tomado desde la boca del Cuyuní, en el Esequibo, hasta el punto de Apostadero, en el río meta, tiene una extensión de 211 leguas. Su ancho de N. a S es de 150, desde la mitad del caño Maturaca (por donde en invierno se va embarcado del Cababuri al Barima y Pacimoni) hasta la villa de Caicara sobre el Orinoco. [...] Calculadas las leguas cuadradas de esta provincia, resultan 20.149, enorme extensión comparada con las demás provincias de la república, porque todas ellas juntas solo tienen 15.802 leguas cuadradas; así, pues, el área de Guayana escede al resto de Venezuela en 4547, y se puede decir que esta provincia es tan grande como las otras doce que componen la república, y además, un espacio igual al que ocupan las de Caracas, Carabobo, Barquisimeto y Trujillo" (p. 605).

Codazzi agregó en su *Resumen* que la extensión de la Provincia de Guayana se "aumentaría en extensión si se tomasen por límite las cabeceras del Esequibo y del Rupununi; habría en este caso que disputar a las naciones vecinas 2.400" (p. 606).

VII

LA DELIMITACIÓN DEL TERRITORIO DE LA REPÚBLICA DE VENEZUELA EN LA LEY DE DIVISIÓN TERRITORIAL DE 1856

La división territorial plasmada en los Mapas del *Atlas* de Codazzi de 1840 fue la que existió hasta que el Congreso de Venezuela sancionó la Ley de división territorial de 28 de abril de 1856 mediante la cual se alteró totalmente la división del territorio,[44] disponiéndose su división, no en las doce provincias que se habían establecido en la Ley de la república de Colombia de 1824, sino en veintiuna Provincias (*Cumaná, Maturín, Margarita, Barcelona, Guayana, Amazonas, Apure, Caracas, Guárico, Aragua, Carabobo, Cojedes, Portuguesa, Barinas, Barquisimeto, Yaracuy, Coro, Trujillo, Maracaibo, Mérida y Táchira*) (art. 1).

Como ocurrió con la Ley de 1826, la de 1856 también fue detallista y exhaustiva en la indicación precisa de todos los cantones en los cuales se dividió cada provincia, y en la de las parroquias en las cuales se dividió cada cantón. Esta fue la división en cantones de las provincias conforme a la ley de 1856:

---

44 Véase en *Leyes y Decretos Reglamentarios de los Estados Unidos de Venezuela*, Tomo X, Ministerio de Relaciones Exteriores, *Caracas* 1943, pp. 69-75.

Provincia de Cumaná: capital Cumaná, con seis cantones: *Cumaná*, Cumanacoa, Cariaco, Carúpano, Río Caribe y Güiria (art. 2).

Provincia de Maturín: capital Maturín, con cuatro cantones: Maturín, Aragua, Bermúdez y Montes (art. 3).

Provincia de Margarita: capital Asunción, con dos cantones: Sur y Norte (art. 4).

Provincia de Barcelona: capital Barcelona, con ocho cantones: Barcelona, Píritu, Onoto, Freites, Aragua, Pao, San Diego y Soledad (art. 5).

Provincia de Guayana: capital Ciudad Bolívar, con tres cantones: Héres, Upata (cuya frontera oriental era el río Esequibo) y Alto Orinoco (art. 7) que comprendía todas las islas del Delta del Orinoco (art. 8).

Provincia Amazonas: capital San Fernando de Atabapo, con un cantón: Río Negro (art. 9).

Provincia de Apure: capital San Fernando, con cuatro cantones: San Fernando, Achaguas, Mantecal y Guasdualito (art. 10).

Provincia de Apure: corresponde al territorio comprendido entre los ríos Apure y Apurito (art. 11).

Provincia de Caracas: capital Caracas, con once cantones: Caracas, Guaicaipuro, Guaira, Maiquetía, Curiepe, Río Chico, Caucagua, Ocumare del Tuy, Guarenas, Petare y Santa Lucía (art. 12).

Provincia del Guárico: capital Calabozo, con seis cantones: Calabozo, Sombrero, Chaguaramas, Unare, Orituco y Ortiz (art. 13).

Provincia de Aragua: capital La Victoria, con seis cantones: Victoria, Turmero, Maracay, San Sebastián, Cura y Mariño (art. 14).

Provincia de Carabobo: su capital Valencia, con cuatro *cantones*: Valencia, Puerto Cabello, Montalban y Ocumare (art. 16).

Provincia de Cojedes: capital San Carlos, con cuatro cantones: San Carlos, Tinaco, Pao y Giraldot (art. 18).

Provincia de la Portuguesa: capital Guanare, con cuatro *cantones*: Guanare, Ospino, Araure y Guanarito (art. 19).

Provincia de Barinas: capital Barinas, con cinco cantones: *Barinas*, Pedraza, Obispos, Libertad y Nutrias (art. 20).

Provincia de Barquisimeto: capital Barquisimeto, con cinco cantones: de Barquisimeto, Cabudare, Quíbor, Tocuyo y Carora (art. 22).

Provincia del Yaracuy: capital San Felipe, con cinco cantones: San Felipe, Yaritagua, Nirgua, Urachiche y Sucre (art. 23).

Provincia de Coro: su capital Coro, con seis cantones: Coro, San Luis, Casigua, Costa Arriba, Cumarebo y Paraguaná (art. 24).

Provincia de Trujillo: capital Trujillo, con cuatro cantones: Trujillo, Escuque, Boconó y Carache (art. 25)

Provincia de Maracaibo: capital Maracaibo, con cinco cantones: Maracaibo, Zulia, Perijá, Gibraltar y Altagracia (art. 27).

Provincia de Mérida: capital Mérida, con cinco cantones: Mérida, Mucuchíes, Egido, Timotes y Bailadores (art. 28).

Provincia de Táchira: capital San Cristóbal, con cuatro cantones: San Cristóbal, Táchira, La Grita y Lovatera (art. 20).

Esas Provincias, con posterioridad a las guerras federales, luego del triunfo de la Federación, dieron origen a los Estados que declararon unirse con la Constitución de los Estados Unidos de Venezuela de 28 de marzo de 1864,[45] la cual comenzó su articulado identificando el territorio, dividido en diecinueve Estados, así:

Artículo 1. Las provincias de Apure, Aragua, Barcelona, Barinas, Barquisimeto, Carabobo, Caracas, Coro, Cumaná, Guárico, Guayana, Maracaibo, Maturín, Mérida, Margarita, Portuguesa, Táchira, Trujillo y Yaracuy, se declaran Estados independientes y se unen para formar una Nación libre y soberana, con el nombre de ESTADOS UNIDOS DE VENEZUELA."

El artículo 2 de la Constitución, además, precisó que los límites de cada uno de esos Estados serían los que se habían señalado a las provincias en "la Ley de 28 de abril de 1856, que fijó la última división territorial."

---

[45] Véase en Allan R. Brewer-Carías, *Las Constituciones de Venezuela*, *op. cit.*, Tomo I, pp. 787.

VIII

ESPECIAL REFERENCIA A LA OCUPACIÓN TERRITORIAL DE LA PARTE ORIENTAL DE LA PROVINCIA DE GUAYANA (CANTÓN DE UPATA Y CANTÓN DE PICAROA)

Tanto en *Carta de la República de Colombia dividida en 12 departamentos en 1824*, como en el *Mapa Político de la República de Venezuela en 1840*, incluidos por Agustín Codazzi en su *Atlas físico y político de la República de Venezuela*, 1840, la Provincia de Guayana, que comprendía toda la zona del Delta del Orinoco, como hemos dicho, en su límite oriental, tenía la mayor parte de su frontera oriental lindaba con el río Esequibo, como quedó demarcado específicamente en las Cartas el Mapa del Cantón Upata de la misma, que también está en el Atlas de Codazzi.

Detalle del límite Este de la Provincia de Guayana en el río Esequibo

Específicamente, el límite oriental de la Provincia de Guayana en el mismo *Atlas* de Codazzi, quedó representado en dos Cartas detalladas de los Cantones de Picaroa y de Upata, en la siguiente forma:

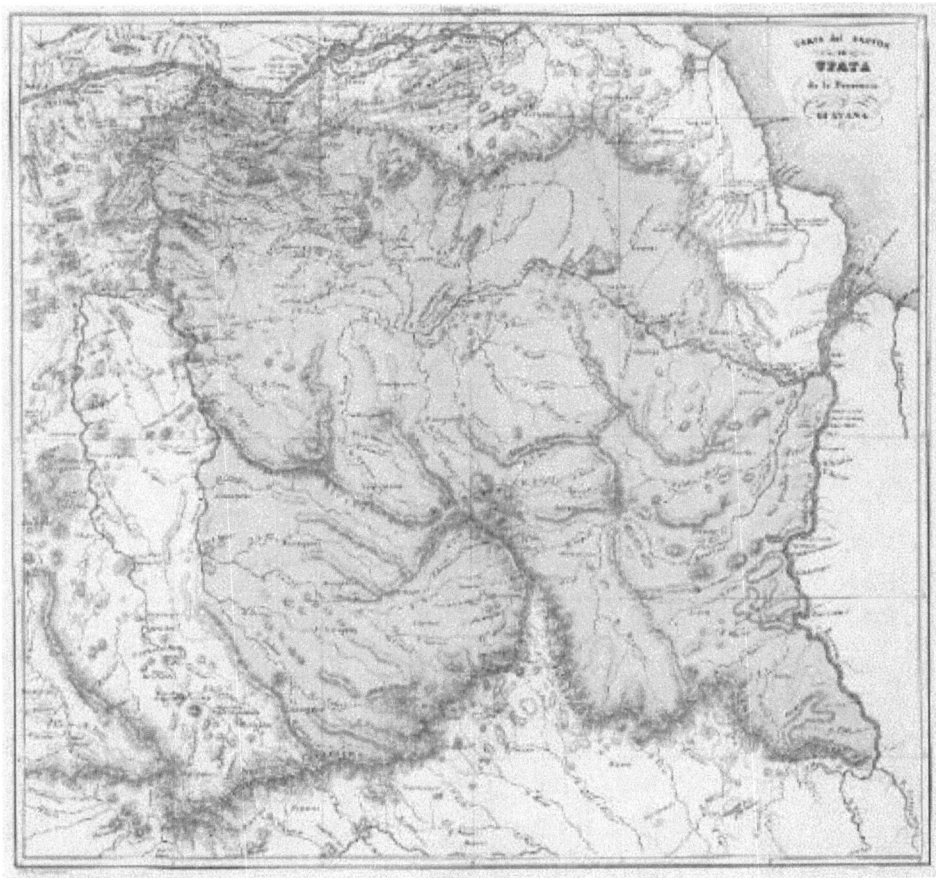

Carta del Cantón de Upata de la Provincia de Guayana, Tomado del *Atlas físico y político de la República de Venezuela, Agustín Codazzi, 1840*

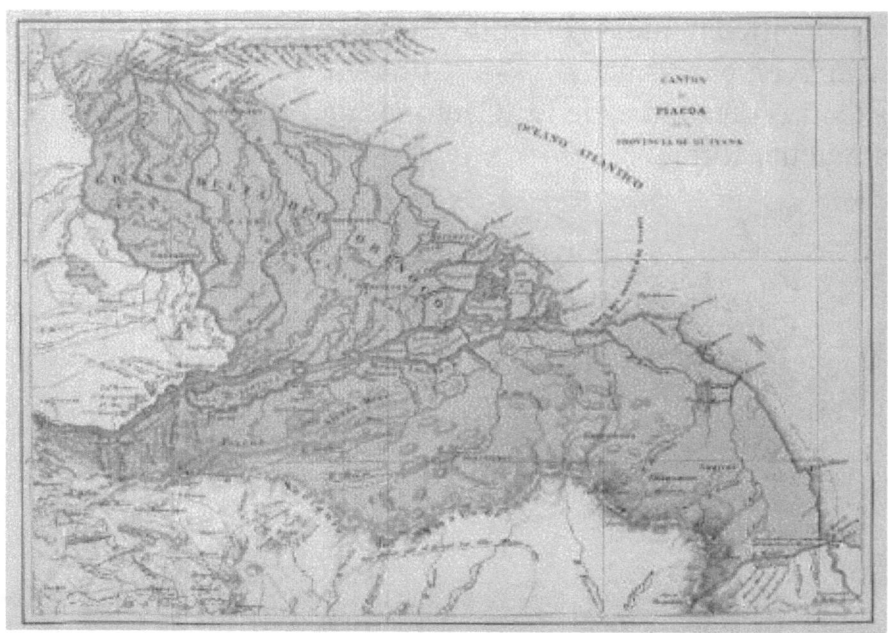

Carta del Cantón de Piacoa de la Provincia de Guayana. Tomado
del *Atlas físico y político de la República de Venezuela,*
Agustín Codazzi, 1840

Esa situación se reflejó también, por ejemplo, en el *Carte Géographique, Statistique et Historique de la Republicque Colombienne (J. CAREZ, Paris, 1825),* que fijaba, conforme al Decreto del Libertador, el límite entre la Provincia de Guayana y las posesiones de los Países Bajos se ubica a lo largo del curso del río Esequibo, excepto en el norte en la zona de la costa entre el río Moruco y la desembocadura del río Esequibo, que se atribuye a la *Guyane Hollandaise:*

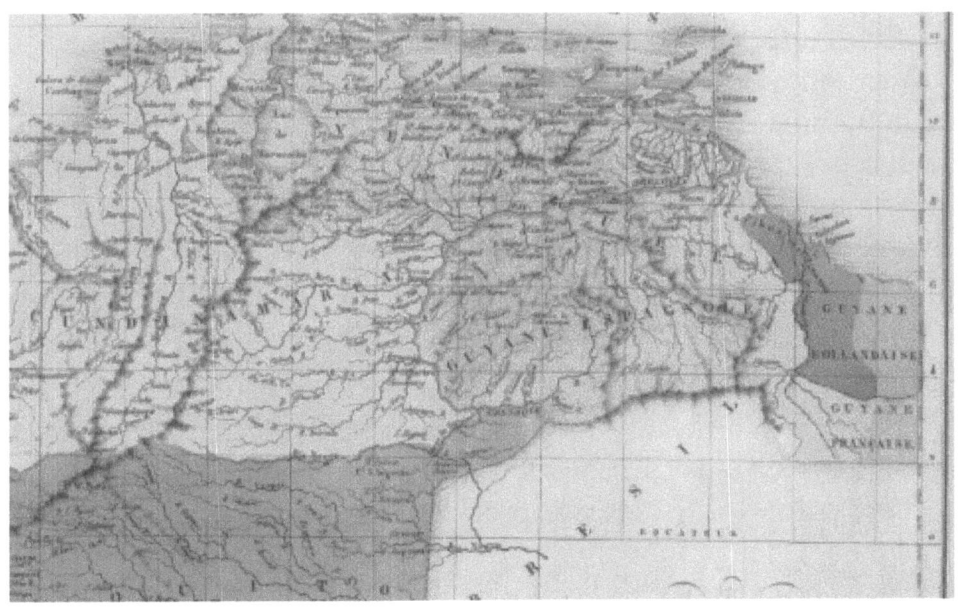

Detalle de la Carta de J.A.C Buchon, Carte Géographique, Statistique et Historique de la Republicque Comombienne, J. Carez, Paris, 1825

Por otra parte, esa situación, como antes se dijo, se reflejó también en las *Cartas del Cantón de Upata* y del *Cantón de Picaroa* de la Provincia de Guayana contenidos en el *Atlas físico y político de la República de Venezuela* de 1840, de Agustín Codazzi, en la cual se muestra la provincia de Guayana en una extensión que llega hasta el río Esequibo, con exclusión en la misma línea de la costa Atlántica hacia al este de la zona de Pomeron, entre la desembocadura del río Moruco y la desembocadura del río Esequibo.

Ello se debió, no sólo a que ese fue el límite general entre las posesiones de España y de los Países Bajos en la parte septentrional de Tera Firme desde el siglo XVIII (Paz de Münster), sino al proceso de ocupación territorial desarrollado en esa zona por los españoles, con la ubicación de uno que otro fuerte y, principalmente, por la labor de las Misiones religiosas.

En efecto, dentro de los sistemas del proceso de conquista y poblamiento del territorio americano durante la Colonia, además de la fundación de ciudades y pueblos, de españoles y de indios, estuvo el de reducción y atracción de las tribus y parcialidades indígenas a la vida ciudadana que se efectuó mediante el establecimiento de Misiones, que fueron asignadas por la Corona española a determinadas comunidades religiosas, como fue el caso, en las provincias de la Orinoquia de Venezuela, de los Jesuitas y los Capuchinos.

Fue así como el ámbito geográfico de las Provincias coloniales en las áreas remotas de sus territorios se fue demarcando; y así ocurrió, precisamente, con la Provincia de Guayana. La misma, como se ha dicho, fue establecida en 1568 en la Capitulación dada a Gonzalo Jiménez de Quesada con extensión desde el Orinoco hasta el Amazonas, habiendo sin embargo llegado su territorio hasta el río Esequibo, precisamente por la ubicación sucesiva de fuertes españoles y fundamentalmente de Misiones capuchinas (por ejemplo: *Cura, Tumeremo, Wenamu, Mutanambo, Curumo, at Mawakken, in Queribura*), aun cuando muchos de sus asentamientos hubieran sido destruidos por los ataques de los indios Caribes.[46]

---

[46] Sobre la existencia de esos asentamientos misionales y su significación como signo de ocupación territorial, véase la argumentación de Severo Mallet Prevost, en *British Guyana Venezuelan Boundary, Arbitration Between the Government of her Britannic Majesty and the United States of Venezuela, Proceedings*. Volume 6, Speeches of S. Mallet Prevost for Venezuela (August 1899), Paris, Typography Chamerot et Rornouafd, 1899, p. 1548 ss. Disponible en: https://books.google.com/books?id=cHMtAQAAMAAJ&pg=PA1565&lpg=PA1565&dq=mission+in+queribura&source=bl&ots=s0QiCYVfCy&sig=ACfU3U0by-F05bWlEv_gq12-XOVEc3UeuA&hl=es-419&sa=X&ved=2ahUKEwi_kYS5tsLwAhWhg-AKHRpABGUQ6AEwAHoECAQQAw#v=onepage&q=mission%20in%20queribura&f=false

Una referencia a esos sitios se encuentra en el siguiente Mapa de la colección sobre la Región Orinoco-Esequibo que formó parte del *Informe de la Comisión designada por el Presidente de los Estados Unidos para investigar e informar sobre la verdadera división de la frontera entre la República de Venezuela y la Guyana Británica* de 1897:

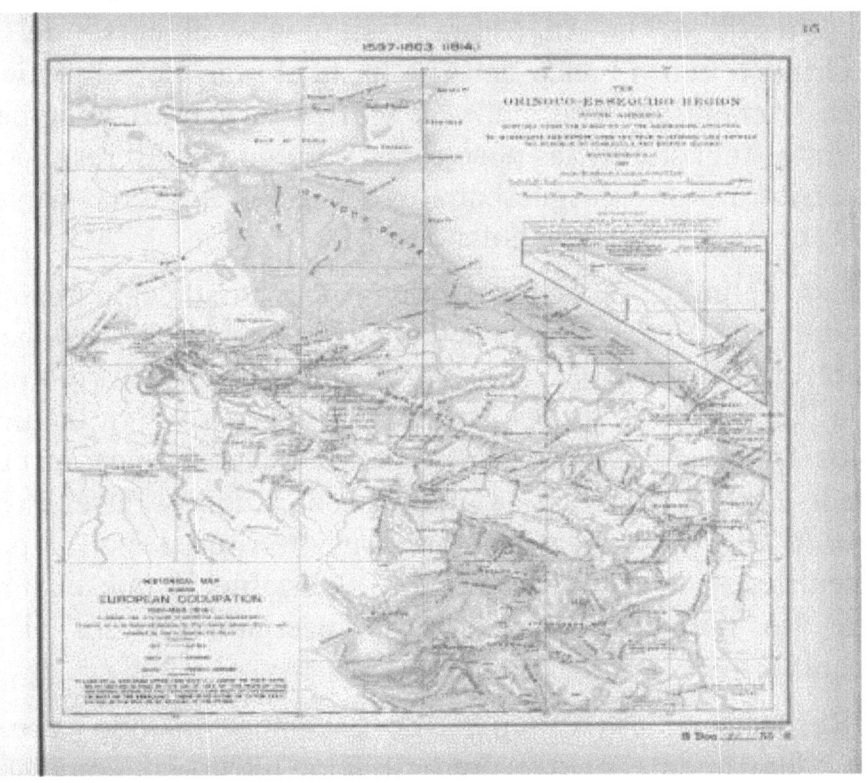

Historical map showing European Occupation 1597-1803 (1814)

A general View with dates of occupation and abandonment), **por George Lincoln Burr, in the volume:** *Maps of the Orinoco-Essequibo Region, South America, Compiled for the Commission Appointed by the President of the United States to Investigate and report upon the True divisional Line between the Republic of Venezuela and British Guyana,* **Commissioners: David J. Brewer, Richard H Alvet, Frederic R. Coudert, Andrew D. White, Daniel C., Gilman; Secretary: Severo Mallet-Prevost) Washington, February 1897**

En aquel proceso de ocupación territorial y poblamiento, a los Capuchinos le fue asignada la "Provincia de Guayana," cuyos límites se le fijaron de manera definitiva el 24 de marzo de 1734 en la denominada "Concordia de Guayana," ratificada por Real Cédula el 16 de septiembre de 1736, cuya jurisdicción, como lo explica José del Rey Fajardo S.J.:

"partía de la Angostura y siguiendo el curso del río Orinoco por la banda derecha hasta el mar. Por el poniente su frontera era artificial y se trazaba una línea imaginaria entre Angostura y las posesiones portuguesas. El resto de su territorio lo configuraban las posesiones de la Guyana francesa y la Guyana holandesa." [47]

Esta delimitación de los confines de la jurisdicción misional respondía como se dijo, a la demarcación territorial que se había establecido desde 1648 en la Paz de Münster, que formó parte de la Paz de Westfalia del mismo año, que puso fin a la guerra de los Treinta Años y a la guerra de los Ochenta Años, en cuyo tratado España reconoció la independencia de los Países Bajos, y por lo que se refería a las posesiones territoriales en la parte septentrional de América del Sur, se estableció que el límite entre las posesiones españolas y neerlandesas era el río Esequibo.

Respecto de esa Provincia de Guayana, en todo caso, el factor fundamental para su configuración territorial, como se ha dicho, fue la ocupación del territorio por las Misiones capuchinas, las cuales con los años lograron establecer importantes empresas agropecuaria integradas por hatos y muchos pueblos de indios. Por ello, el territorio de la misma por lo que se refiere al Cantón

---

[47] Véase en José del Rey Fajardo S.J., *La República de las letras en la Babel Étnica de la Orinoquia*, Academia Nacional de la Lengua, Caracas 2015, p. 56.

de Upata, se extendió hasta el río Esequibo; y así fue a pesar de que, como se dijo, muchos de los asentamientos de pueblos de indios y misiones no lograsen sobrevivir los ataques de los Caribes.

Fue por la importancia que tuvieron las Misiones en la Provincia de Guayana para la conformación de su vasto territorio, que Simón Bolívar, durante la campaña militar de la liberación de la provincia de Guayana en 1817, que comandó con la ayuda del general Manuel Piar, la comenzó precisamente con la ocupación militar y el control del territorio misional, lo que les permitió "avanzar en el cerco a Angostura, la capital, y a Guayana La Vieja, e ir ganando espacios en Guayana hasta su total ocupación y liberación."[48] Por la importancia que tenían las Misiones, Bolívar incluso designó al Vicario General del Ejército, presbítero José Félix Blanco, como Comisionado General de las Misiones del Caroní, con extensas facultades en cuanto al régimen político y económico de éstas.

En cuanto a las Misiones, las mismas no sólo continuaron funcionando en la era republicana, sino que fueron institucionalizadas por el Estado como un factor fundamental para la reducción y poblamiento, habiendo sido reguladas en una Ley de Misiones de 1 de mayo de 1841, reformada por la Ley de Misiones de 1915,[49] la cual fue reglamentada, por lo que se

---

[48] Véase Hildelisa Cabello Requena, "Contribución de la Campaña Libertadora de Guayana a la consolidación de la guerra e instauración de la República, Venezuela, 1817-1824," en *Procesos Históricos*, No. 36, Universidad de los Andes, Mérida 2019, pp. 114-134,

[49] Véase en *Leyes y Decretos Reglamentarios de los Estados Unidos de Venezuela*, Tomo XIV, Ministerio de Relaciones Exteriores, Caracas 1943, p, 479.

refiere a la provincia de Guayana, mediante el "Reglamento Orgánico para la Reducción y Civilización de indígenas en la Provincia de Guayana" de 15 de octubre de 1842.[50]

En este Reglamento, no sólo se identificó con precisión el Distrito misional de Upata, que abarcaba el Cantón de Upata, sino la labor de los misioneros, de los Capitanes pobladores y de los Doctrineros para atraer a población a las tribus indígenas. Además, mediante Resoluciones del Ministerio del Interior y Justicia de 9 de febrero de 1893 y de 12 de mayo de 1894, se definió específicamente en el cantón Upata el ámbito de las Misiones de los Religiosos Capuchinos con capital en Upata, Guasipati y Tumeremo.[51]

---

[50] *Idem*, Tomo XIV, pp. 488-495.
[51] *Idem*, Tomo XIV, pp. 484-485.

IX

LA CONTRIBUCIÓN DE LA CREACIÓN DE TERRITORIOS FEDERALES A PARTIR DE LA CONSTITUCIÓN DE 1864 EN LA CONFIGURACIÓN TERRITORIAL DE LA GUAYANA VENEZOLANA

En la Constitución Federal de 1864, siguiendo una pauta que había sido incorporada en la Constitución de 1858 sobre "territorios despoblados que se destinen a colonias y los ocupados por tribus indígenas" (art. 4),[52] se previó expresamente como atribución de la Legislatura Nacional, la de "establecer con la denominación de *territorios* el régimen especial con que deben existir temporalmente regiones despobladas o habitadas por indígenas no civilizados," los cuales dependían "inmediatamente del Ejecutivo de la Unión" (art. 44.21).[53]

---

[52] Véase Allan R. Brewer-Carías, "El régimen de los Territorios Dependencias Federales," en *Revista de Derecho Público*, No. 18, Editorial Jurídica Venezolana, Caracas 1984, pp. 85 ss.

[53] Véase sobre esto: Mario Valero Martínez, "Territorios Federales en Venezuela en el siglo XIX," en: Jadson Luís Rebelo orto y Alejandro; SCHWEITZER, Estrategias territoriales para la ocupación del continente sudamericano: inserción de la periferia e institucionalización espacial. Macapá/ Rio Gallegos, UNIFAP/UNPA-UARG, 2018. p. 12-54.

Con base en esa norma se dio inicio a la creación sucesiva de territorios federales,[54] comenzando con el *Territorio Amazonas*, que se creó el 27 de julio de 1864 y se organizó mediante Ley de 21 de octubre de 1873,[55] reformada luego por Decreto de 11 de febrero de 1876.[56] Estos instrumentos se reformaron posteriormente por el Código Orgánico de los Territorios Alto Orinoco y Amazonas de 10 de diciembre de 1880, con motivo de la división en dos del Territorio Amazonas.[57]

Luego, bajo la vigencia de las Constituciones de 1871 y de 1874, se organizaron otros Territorios Federales (*Territorio Colón*, que abarcó las Islas del Mar Caribe; *Territorio Federal Mariño*; *Territorio Goagira*; *Territorio Federal Tucacas*; *Territorio Federal Maracay*),[58] y posteriormente, bajo la vigencia de la Constitución de 1881, por Decreto de 3 de septiembre de ese mismo año 1881, con parte de lo que fue la antigua Provincia de Guayana se creó el *Territorio Federal Yuruary* que comprendió toda la zona este de dicha Provincia deslindada así: por el oeste, el curso del río Caroní en toda su extensión, y por el este, con un límite más extendido hacia el sur, a lo largo de todo el curso del río Esequibo.[59]

---

[54] Véase en Allan R. Brewer-Carías, *Las Constituciones de Venezuela*, *op. cit.*, Tomo I, pp. 757.

[55] Véase el texto en la Recopilación de Leyes y Decretos de Venezuela, tomo VIII (1878-1880), Caracas, 1884 pp. 185 y 182.

[56] *Ibídem*; Tomo VIII, p. 176.

[57] *Ibídem*, pp. 146 y ss.

[58] Territorio Colón: Decreto de 22-8-71, *Ídem*, p. 209; Territorio Federal Mariño: Decreto de 3-9-72, *Ibídem*, p. 327; Territorio Goagira: Decreto de 25-8-74, *Ibídem*, p. 305; Territorio Federal Tucacas Decreto de 24-3-79, *Ibídem*, p. 331 Territorio Federal Maracay Decreto de 12-3-79, *Ibídem*, p. 309.

[59] Decreto de 3-9-81, *Ibídem*, p. 367.

Al año siguiente se creó el Territorio Federal Caura[60] y el 23 de agosto de 1882 se dictó el *Código Orgánico de los Territorios Federales Yuruary, El Caura, La Goagira, Colón, Alto Orinoco y Amazonas*.[61] Asimismo, bajo la vigencia de la Constitución de 1881 se creó, en 1882, el *Territorio Federal Armisticio* en el Táchira, en la frontera con Colombia.[62] Los Territorios *Colón* y *Amazonas* se regularon posteriormente en el texto de la Constitución de 1893 (art. 44.21), habiéndose organizado, el primero, por Decreto de 4 de julio de 1895,[63] y el segundo, por Decreto de 10 de octubre de 1893, refundiéndose de nuevo, en uno, los antiguos Territorios Alto Orinoco y Amazonas.[64]

El 27 de febrero de 1884 se creó el *Territorio Federal Delta*,[65] el cual fue organizado mediante el Código Orgánico del Territorio Federal Delta de 23 de julio de 1884,[66] indicándose para el mismo los siguientes límites:

"Al Norte y al Este, el Golfo de Paria y el Océano Atlántico; al Oeste, la línea divisoria entre los que fueron Estados Guayana y Maturín; al Sur el Territorio Yuruari, y al Sureste la Guayana Inglesa."

---

60 Decreto de 9-2-82, *Ibídem*, p. 203.

61 Que incorporó y reformó los respectivos Decretos de creación de los Territorios, *Ibídem*, pp. 97 y ss.

62 *Ibídem*, p. 196.

63 Decreto 4-7-1895, el texto en la Recopilación de Leyes y Decretos de Venezuela, tomo VIII (1878-1880), Caracas, 1884, p. 210.

64 Decreto 23-10-93, *Ibídem*, p. 91.

65 Decreto 27-2-84, *Ibídem*, p. 913.

66 Véase Decreto 23 de julio de 1884, en *Recopilación de Leyes y decretos de Venezuela, reimpresa por orden del Gobierno Nacional*, Tomo XI, Segunda Edición, Imprenta de la Patria Caracas, 1891, pp. 211 ss.

Mapa de los Estados Unidos de Venezuela, por L. Robelín,
representando los Territorios Federales creados hasta 1884

En esta forma, para 1884 en todo el Territorio de Venezuela existían los siguientes seis Territorios Federales: *Armisticio, Caura, Alto Orinoco, Amazonas, Yuruari y Delta*; y por lo que se refiere a los Territorios *Yuruani y Delta*, se extendían hacia el Este hasta el río Esequibo, en cuya ribera Este comenzaba el territorio de la Guayana Británica, que antes había sido el de la Guayana Neerlandesa.

Esa era la situación constitucional o de derecho interno de Venezuela a finales del siglo XIX sobre su territorio en la zona de Guayana, cuando en 1895 se inició un conflicto internacional entre Venezuela y el Reino Unido por reclamaciones sobre ocupaciones británicas ilegítima de la zona venezolana al oeste del río Esequibo, que llevó incluso a la ruptura de relaciones diplomáticas. Todo ello originó la intervención de los Estados Unidos de Norteamérica invocando la Doctrina Monroe en protección de los intereses venezolanos, concluyéndose el conflicto internacional con la celebración en Washington, el 2 de febrero de 1897, de un Tratado de Arbitraje entre los Estados Unidos de Venezuela y Su Majestad la Reina del Reino Unido de la Gran Bretaña e Irlanda, para que un Tribunal arbitral determinara "la línea divisoria entre los Estados Unidos de Venezuela y la Colonia de la Guayana Británica."

Nueva York, mayo 2021

SEGUNDA PARTE

REFLEXIONES SOBRE LA CONTROVERSIA DE LA GUAYANA ESEQUIBA LUEGO DE ANALIZAR LA *MEMORIA* PRESENTADA POR GUYANA EN 2020, EN LA DEMANDA CONTRA VENEZUELA ANTE LA CORTE INTERNACIONAL DE JUSTICIA Y LAS SENTENCIAS DICTADAS POR ESTA ÚLTIMA EN 2020 Y 2023

I

LOS MEDIOS DE SOLUCIÓN PREVISTOS EN EL ARTÍCULO 33 DE LA CARTA DE LAS NACIONES UNIDAS SEGÚN EL ACUERDO DE GINEBRA DE 1966

La posición contemporánea de Venezuela sobre el Laudo arbitral dictado el 3 de octubre de 1899 relativo a la frontera entre la Colonia de la Guayana Británica y los Estados Unidos de Venezuela, fue expresada el 14 de febrero de 1962, por Carlos SOSA RODRÍGUEZ como Representante Permanente de Venezuela ante la Organización de Naciones Unidas, en comunicación al Secretario General de la misma informándole que consideraba que existía una disputa entre Venezuela y el Reino Unido "en relación con la demarcación de la frontera entre Venezuela y la Guayana Británica".

En su carta al Secretario General, como lo indicó la Corte Internacional de Justicia en su decisión del 18 de diciembre de 2020 sobre jurisdicción (par. 35), y lo destaca Guyana en su *Memoria* (*Guyana's Memorial on the Merits*, Volume I, 8 March 2022) (par. 5.4), Venezuela declaró lo siguiente:

"El laudo fue el resultado de una transacción política realizada a espaldas de Venezuela y sacrificando sus derechos legítimos. La frontera fue demarcada arbitraria-

mente y no se tuvieron en cuenta las reglas específicas del acuerdo arbitral ni los principios pertinentes del derecho internacional.

Venezuela no puede reconocer un laudo otorgado en tales circunstancias".

Unos meses después, el Ministro de Relaciones Exteriores de Venezuela, en una declaración ante la Cuarta Comisión de la Asamblea General de las Naciones Unidas el 12 de noviembre de 1962, reiteró el planteamiento de que el Laudo de 1899:

"surgió en circunstancias claramente perjudiciales para la derechos de Venezuela". [...] viéndolo en retrospectiva, no hubo laudo arbitral propiamente dicho. Hubo un arreglo. Hubo un compromiso político. Y por medio de esta decisión, los tres magistrados que tenían mayoría enajenaron territorio venezolano; porque los dos jueces británicos no lo eran... actuando como jueces. Actuaban como representantes del gobierno, como abogados en lugar de jueces."

Después que los representantes de los dos países en la Cuarta Comisión acordaron examinar el material documental base de los planteamientos, y luego de cuatro años de negociaciones entre Venezuela y el Reino Unido en el ámbito de la Organización de las Naciones Unidas, ambas Partes firmaron, el 17 de febrero de 1966, el denominado *"Acuerdo de Ginebra,"* que es un Acuerdo para resolver la controversia entre Venezuela y el Reino Unido de Gran Bretaña e Irlanda del Norte sobre la frontera entre Venezuela y Guayana Británica, en el cual convinieron solucionar la controversia entre las partes en la forma establecida en los artículos I a IV de dicho Acuerdo, específicamente el párrafo 2 del artículo IV, en el cual se remite a los medios de solución de controversias previstos en el Artículo 33 de la Carta de las Naciones Unidas, que son:

"la negociación, la investigación, la mediación, la conciliación, el arbitraje, el arreglo judicial, el recurso a organismos o acuerdos regionales u otros medios pacíficos de su elección."

El Acuerdo de Ginebra dispuso en el artículo IV.2 que si los medios escogidos no conducían a una solución de la controversia:

"el Secretario General de las Naciones Unidas, escogerá otro de los medios estipulados en el Articule 33 de la Carta de las Naciones Unidas, y así sucesivamente, hasta que la controversia haya sido resuelta, o hasta que todos los medios de solución pacífica contemplados en dicho Artículo hayan sido agotados."

Y fue ese mecanismo de escogencia de los medios estipulados en la Carta de la ONU, precisamente el que utilizó el nuevo Secretario General de la ONU Antonio GUTERRES, al año siguiente de asumir el cargo, al enviar con fecha 30 de enero de 2018 sendas cartas a ambas Partes del Acuerdo de Ginebra (Venezuela y Guyana), expresándoles que su predecesor, Sr. Ban Ki-moon, había determinado que "el procedimiento de buenos oficios, adelantado desde 1990, seguiría durante un año más, es decir hasta el final del 2017, con un mandato de mediación reforzado;" y que si el nuevo Secretario General llegaba a la conclusión de "ausencia de progresos significativos en aras de un acuerdo completo sobre la solución del diferendo," entonces "escogería a la Corte Internacional de Justicia como próximo medio de solución, salvo solicitud en contrario presentada de forma conjunta por los Gobiernos de Guyana y de Venezuela."

El Secretario General, como lo destacó la Corte Internacional de Justicia en su decisión del 18 de diciembre de 2020 (par. 99) declaró que había "analizado cuidadosamente los desarrollos en el proceso de buenos oficios en el transcurso de 2017," y anunció:

"En consecuencia, he cumplido con la responsabilidad que se me había otorgado en el marco de mi antecesor y, no habiendo obtenido avances significativos para llegar a un acuerdo pleno para la solución de la controversia, he elegido a la Corte Internacional de Justicia como el medio que ahora se utilizará para su solución".

Esta elección del Secretario General se hizo en el marco de lo establecido en el Acuerdo de Ginebra de 17 de febrero de 1966, cuyo objeto, en opinión de la Corte Internacional de Justicia expresada en la sentencia del 18 de diciembre de 2020, relativa a su competencia en el caso del Laudo Arbitral del 3 de octubre de 1899,

"era buscar una solución a la disputa fronteriza entre las partes que se originó en sus puntos de vista opuestos en cuanto a la validez del Laudo de 1899" (Sentencia CIJ 18-12-2020, par. 65).

De ello, dedujo la Corte Internacional, que:

"la "controversia" que las partes acordaron resolver a través del mecanismo establecido en el Acuerdo de Ginebra se refiere a la cuestión de la validez del Laudo de 1899, así como a sus implicaciones jurídicas para la línea limítrofe entre Guyana y Venezuela" (Sentencia CIJ 18-12-2020, par. 66).

Como consecuencia, de la elección que hizo el Secretario General de la ONU del arreglo judicial para la resolución definitiva de la controversia entre los dos países, el 29 de marzo de 2018, el Gobierno de Guyana presentó ente la Corte Internacional de Justicia formal demanda contra Venezuela con respecto a la controversia relativa a "la validez jurídica y el efecto vinculante del Laudo relativo a la frontera entre la colonia de la Guayana Británica y los Estados Unidos de Venezuela, de 3 de octubre de 1899."

II

EL ASUNTO A DECIDIR POR LA
CORTE INTERNACIONAL DE JUSTICIA

Debe recordarse, de nuevo, que la controversia entre Venezuela y Guyana tuvo su origen formal en la declaración que formuló Carlos SOSA RODRÍGUEZ como Representante Permanente de Venezuela ante la ONU, el 14 de febrero de 1962, expresando que Venezuela *no podía "reconocer"* el Laudo Arbitral de 1899, porque el mismo no sólo había sido "*el resultado de una transacción política realizada a espaldas de Venezuela y sacrificando sus derechos legítimos,*" sino porque "*la* frontera *fue demarcada arbitrariamente y no se tuvieron en cuenta las reglas específicas del acuerdo arbitral ni los principios pertinentes del derecho internacional.*"

Es decir, Venezuela, desde 1962, ha sostenido que el Laudo Arbitral en nulo, por lo que, al llegar el asunto al conocimiento de la Corte Internacional de Justicia en los términos del Acuerdo de Ginebra, y declarar ésta su propia competencia para resolver en forma definitiva la controversia, la Corte estimó, con razón, como base del Acuerdo, que las partes "consideraban que la cuestión de la validez del Laudo de 1899 *se encontraba en el meollo de la controversia que necesitaba ser resuelta* conforme el artículo IV, parágrafo 2 el Acuerdo de Ginebra para alcanzar una solución definitiva de la frontera terrestre entre Guyana y Venezuela" (Sentencia CIJ, 18-12-2020, par. 134).

Ello ha colocado la cuestión, ahora, en 2023, en la forma cómo lo vislumbró el Ministro de Relaciones Exteriores Ignacio Iribarren Borges ante el Congreso Nacional poco después de la adopción del Acuerdo de Ginebra de 1966, cuando indicó que:

"suponiendo que el Laudo de 1899 sea declarado nulo, que se realice de común acuerdo entre las Partes o por una decisión proferida por una autoridad internacional competente designada de común acuerdo, la *cuestión se plantearía nuevamente en los términos iniciales*" (Sentencia CIJ 18-12-2020, par. 134).

Es decir, como lo resolvió la Corte Internacional de Justicia en su sentencia de competencia de 18 de diciembre de 2020, en el sentido de que además de resolver sobre la validez o nulidad del Laudo Arbitral de 1899, la Corte tendrá que resolver en forma definitiva el "diferendo concerniente a la frontera terrestre entre los territorios respectivos de las Partes."

Ello implica entonces como lo expresó el Ministro de Venezuela en 1966, como se dijo, que la cuestión se plantearía "*nuevamente en los términos iniciales*," lo que significa, en los términos conforme a los cuales debió haberse dictado el Laudo Arbitral en 1899, los cuales debieron haber sido considerados por el Tribunal Arbitral y que no lo fueron.

En particular, conforme a lo establecido en el artículo III del Tratado de Arbitraje de Washington de 2 de febrero de 1897, que estableció que el Tribunal Arbitral debía resolver la controversia de la frontera entre la Colonia británica de Guyana y Venezuela, con base en la siguiente regla fundamental establecida en su Artículo III:

"El Tribunal investigará y determinará la extensión de los territorios pertenecientes o que podrían ser reclamados legalmente por las Provincias Unidas de los Países Bajos o por el Reino de España, respectivamente, en el momento de la adquisición por Gran Bretaña de la Colonia de la Guayana Británica, y determinará la línea fronteriza entre la Colonia de la Guayana Británica y los Estados Unidos de Venezuela."

Los árbitros nada dijeron en su Laudo sobre cómo fue que interpretaron y aplicaron esta regla, la cual en realidad ignoraron.

Los Árbitros, además debían considerar, pero para desecharla, otra de las reglas del Tratado que era si de acuerdo con los principios de derecho internacional podía ser aplicable al caso el postulado de si "la tenencia o prescripción adversa durante un período de cincuenta años podía hacer un buen título" (considerando "el control político exclusivo de un distrito, así como el asentamiento actual del mismo, suficiente para constituir una tenencia adversa o para hacer título por prescripción") (Artículo IV.a).

Sobre ello, como se ha dicho, ninguna "prescripción de cincuenta años" podía haber operado en 1899 en el territorio esequibo con base en una supuesta posesión de parte de Gran Bretaña, que en ningún caso podía haber sido legítima ni pacífica en los 50 años precedentes, luego de que mediante el Acuerdo a que llegaron Gran Bretaña y Venezuela precisamente en 1850, se comprometieron a no ocupar ni usurpar el territorio en reclamación, lo cual si ocurría no sería reconocido.

III

LAS SENTENCIAS DE LA CORTE INTERNACIONAL DE JUSTICIA (2020, 2023) EN EL PROCESO PARA RESOLVER LA CONTROVERSIA EN FORMA DEFINITIVA

Con motivo de la demanda de Guyana contra Venezuela, la Corte Internacional de Justicia, el 18 de diciembre de 2020, dictó la mencionada sentencia decidiendo sobre su propia competencia, considerando que además de la cuestión sobre la validez del Laudo de 1899 formulada por Guyana, el caso sometido a su decisión también abarcaba "la cuestión conexa de la solución definitiva del diferendo concerniente a la frontera terrestre entre Guyana y Venezuela" (par 135); cuestiones estas que según la Corte, como se dijo, eran el:

> "objeto del diferendo que las Partes convinieron solucionar por medio del mecanismo previsto en los artículos I a IV del Acuerdo de Ginebra, específicamente el párrafo 2 del artículo IV..." (Sentencia CIJ 18-12-2020, par. 135).

En esta forma, la Corte Internacional de Justicia, en su sentencia, desechó el alegato que había formulado Venezuela en Memorando de 28 de noviembre de 2019, de que la decisión del Secretario General de referir la controversia al arreglo judicial por la Corte solo podía tomarse "como una recomendación," porque el objeto del Acuerdo de Ginebra era no solo "una cuestión de resolver la controversia, sino de hacerlo mediante una solución práctica, aceptable y satisfactoria acordada por las Partes" (par. 69), lo que implicaba la exclusión de "la solución judicial a menos que las Partes consientan en recurrir a ella por acuerdo especial al contrario" (Sentencia CIJ 18-12-2020, par. 81).

Como igualmente lo destacó la Corte:

"En su Memorando, Venezuela afirma que la cuestión de la validez del Laudo de 1899 no hace parte del diferendo según el Acuerdo de Ginebra. Para ellos, este instrumento fue adoptado partiendo del principio que la posición de sostener que el Laudo en mención es nulo no podía ser el objeto de las discusiones entre las partes, la "validez o la nulidad de una sentencia arbitral no es negociable". Venezuela estima que "el Acuerdo de Ginebra tiene por objeto el diferendo territorial y no la validez o la nulidad de la sentencia de 1899" (Sentencia CIJ 18-12-2020, par. 126).

La Corte consideró, sin embargo, que en dicho Acuerdo de Ginebra (párrafo 2 del artículo IV), las Partes habían atribuido al Secretario General "la facultad de elegir, mediante decisión vinculante para ellos, los medios a utilizar para la solución de su controversia" (Sentencia CIJ 18-12-2020, par. 74, 83); y entre esos medios enumerados en el artículo 33 de la Carta de las Naciones Unidas, se incluyó la solución judicial como medio de resolución de controversias (Sentencia CIJ 18-12-2020, par. 88, 101, 108).

La Corte, en su sentencia, fue minuciosa al interpretar el texto del párrafo 2 del artículo IV del Acuerdo de Ginebra, mediante el cual las Partes otorgaron al Secretario General la autoridad para elegir entre los medios de solución de controversias previstos en el artículo 33 de la Carta, "hasta que sea resuelta la controversia;" es decir, para una "resolución definitiva de la controversia", destacando que dicha norma de la Carta "incluye, por un lado, medios políticos y diplomáticos, y, por otro, medios jurisdiccionales como el arbitraje o la solución judicial," siendo estos dos últimos de "naturaleza vinculante" (Sentencia CIJ 18-12-2020, art. 83).

De ello dedujo la Corte su competencia para resolver la controversia que se refiere "a la cuestión de la validez del Laudo de 1899, así como a sus implicaciones jurídicas para la línea limítrofe entre Guyana y Venezuela," (Sentencia CIJ 18-12-2020, par. 66), pues según lo declaró expresamente:

> "una decisión judicial que declare la nulidad del Laudo de 1899 sin delimitar la frontera entre las Partes podría no conducir a la resolución definitiva de la controversia, lo que sería contrario al objeto y fin del Acuerdo de Ginebra" (Sentencia CIJ 18-12-2020, par. 86).

En otros términos, conforme a lo resuelto por la Corte Internacional de Justicia,

> "no sería posible resolver de forma definitiva el diferendo fronterizo que enfrenta a las Partes si no se define primero la validez del Laudo de 1899 relativa a la frontera entre Guyana Británica y Venezuela. (Sentencia CIJ 18-12-2020, par 130)

Con base en estos razonamientos, la Corte Internacional de Justicia, rechazó el argumento esgrimido por Venezuela de que supuestamente "el Acuerdo de Ginebra no incluye lo relativo a la validez del Laudo de 1899" (par. 134), considerando, además, como antes se dijo, que ello contradecía:

> "la alocución pronunciada por el Ministro venezolano de Relaciones Exteriores ante el Congreso Nacional poco

después de la adopción del Acuerdo. El ministro indicó específicamente que "suponiendo que el laudo de 1899 sea declarada nula, que se realice de común acuerdo entre las Partes o por una decisión proferida por una autoridad internacional competente designada de común acuerdo, la cuestión se plantearía nuevamente en los términos iniciales" (Sentencia CIJ 18-12-2020, par. 134).

De ello, dedujo la Corte Internacional, como antes se destacó, que:

"Esto confirma que las Partes del Acuerdo de Ginebra consideraban que la cuestión de la validez del Laudo de 1899 se encontraba en el meollo del diferendo a resolver de acuerdo con el párrafo 2 del artículo IV de ese instrumento, en aras de lograr una solución definitiva de la cuestión de la frontera terrestre entre Guyana y Venezuela." (Sentencia CIJ 18-12-2020, par. 134)

Siendo el resultado de la sentencia, la declaración por la Corte de su propia competencia:

"para conocer de las pretensiones de Guyana relativas a la validez del Laudo de 1899 sobre la frontera entre la Guayana Británica y Venezuela, así como de la cuestión conexa de la solución definitiva del diferendo concerniente a la frontera terrestre entre los territorios respectivos de las Partes" (Sentencia CIJ 18-12-2020, par. 137).

Ello lo ratificó la Corte Internacional de Justicia, en su otra decisión del 6 de abril de 2023 al resolver la cuestión preliminar formulada por Venezuela, que fue declarada sin lugar, expresando que:

"En su Sentencia del 18 de diciembre de 2020 (en adelante, la "Sentencia de 2020"), la Corte determinó que tenía competencia para conocer de la Solicitud presentada por Guyana el 29 de marzo de 2018 en lo que se refiere a la validez del Laudo Arbitral de 3 octubre de 1899 y la cuestión conexa de la solución definitiva de la disputa fronteriza terrestre entre Guyana y Venezuela. La Corte también determinó que no tenía jurisdicción para considerar las reclamaciones de Guyana derivadas de eventos que ocurrieron después de la firma del Acuerdo de Ginebra" (Sentencia CIJ 18-12-2020, par. 18).

Se puede estar o no de acuerdo con lo decidido por la Corte Internacional de Justicia para asumir la competencia en los términos que lo hizo para resolver la controversia entre Guyana y Venezuela, y si ello fue o no en contra del objeto y propósito del Acuerdo de Ginebra de 1966. Estas Notas no tienen por objeto analizar críticamente lo ya resuelto por la Corte, materia sobre lo cual han opinado destacados internacionalistas y la propia Academia de Ciencias Políticas y Sociales, y a esas opiniones me remito.

Lo que interesa ahora destacar es que como consecuencia de estas decisiones judiciales, y declarada por la Corte Internacional de Justicia su propia competencia para resolver judicialmente tanto sobre la validez o nulidad del Laudo Arbitral de 1899 como sobre la frontera entre ambos países, puede decirse que, materialmente, el Acuerdo de Ginebra –que fue el Derecho al cual se remitió la Corte para declarar su competencia– se agotó; pasando el asunto al conocimiento de la Corte Internacional de Justicia, la cual debe ahora resolver la controversia –como en definitiva lo acordaron las partes en el Acuerdo– no con eventuales criterios "prácticos" sino como juez, en un proceso judicial destinado a establecer el "arreglo judicial" en una controversia entre partes que ya no tienen, por voluntad propia, otra forma de resolverla entre sí. El texto del Acuerdo de Ginebra, sin embargo, fue la base para que la Corte

Internacional de Justicia fijara su competencia en el asunto desde el punto de vista temporal, para resolver solo sobre:

"The Claim of either Party that existed on the date the Geneva Agreement was signed, on 17 February 1966, Consequently, Guyana's claims arising from events that occurred after the signature of the Geneva Agreement do not fall within the scope of the jurisdiction of the Court *ratione temporis*" (CIJ, sentencia 18-1-2020, par. 136).

En otros términos, las partes agotaron todos los medios de búsqueda de un "arreglo práctico" entre ellas conforme a la Carta de la ONU, y de mutuo acuerdo, en el propio Acuerdo de Ginebra, dejaron abierta como forma de solución de la controversia, la opción judicial para resolverla (arreglo judicial), en el marco de la cual la Corte Internacional de Justicia ha asumido competencia plena para resolver la controversia con el ámbito temporal indicado.

IV

LA FRONTERA DETERMINADA EN EL LAUDO ARBITRAL DE 1899 Y LAS LÍNEAS DE LA DEFENSA DE VENEZUELA EN JUICIO

El Tribunal Arbitral nombrado de acuerdo con las previsiones del Tratado de Washington de 2 de febrero de 1897, compuesto por dos de los más altos jueces del Reino Unido: Lord Chief Justice RUSSELL (Charles Baron RUSSELL OF KILLOWEN) y Lord Justice COLLINS (Sir Richard Henn COLLINS); por dos de los más altos jueces de la Corte Suprema de los Estados Unidos de América, Chief Justice FULLER (Melville Weston FULLER) y Justice BREWER (David Josiah BREWER), y como presidente, el Professor F. de MARTENS (Frederic de MARTENS), en su Laudo del 3 de octubre de 1899,

Justice Brewer   Lord Russell.   Prof. Martens   Chief Justice Fuller   Lord Justice Collins

determinó la frontera entre la Colonia de la Guyana Británica y Venezuela, sin razonamiento ni motivación alguna, y específicamente, sin referencia alguna a haber determinado previamente la "extensión de los territorios pertenecientes o que podrían ser reclamados legalmente por las Provincias Unidas de los Países Bajos o por el Reino de España, respectivamente, en el momento de la adquisición por Gran Bretaña de la Colonia de la Guayana Británica," como lo exigía el Tratado Arbitral de Washington.

La frontera que se estableció en el Laudo Arbitral fue, por tanto, totalmente arbitraria y, por tanto, irracional, limitándose, sin motivación alguna, como lo resumió la Corte Internacional de Justicia en su sentencia del 6 de abril de 2023, a otorgar "a Venezuela toda la desembocadura del río Orinoco y los terrenos a ambos lados;" y a otorgar "al Reino Unido la tierra al este que se extiende hasta el río Esequibo" (Sentencia CIJ 6-4-2023, par. 34). Lo arbitrario, como lo calificó la propia Corte Internacional de Justicia "is wilful disregard of due process of law, an act which shock, or at least surprises a sense of judicial property"(en el caso Elettronica Sicul SpA (ELSI) (US v. Italy 1989 *ICJ Reports* 15 at p. 76), lo que aplicado al laudo de 1899 lo hace nulo por denegación de justicia de parte del Tribunal Arbitral.

En su momento, ciertamente, como lo ha destacado repetidamente Guyana en su *Memoria* de 8 de marzo de 2022, el hecho de que el Laudo hubiese asegurado a Venezuela la soberanía sobre las bocas del río Orinoco fue considerado como una "victoria" (*Memoria Guyana* par. 1.29; 1.39, 3.61, 3.62, 4.2, 4.4, 4.5, 4.8), particularmente frente a las pretensiones del Reino Unido que eran, como también lo recuerda la *Memoria* de Guyana, que le pertenecía todo el territorio al este del río Orinoco (*Memoria Guyana* par. 3.51), lo cual no era cierto.

Y fue precisamente esa supuesta "victoria" la carta utilizada para que el Tribunal Arbitral, como reflejo de una componenda y chantaje para lograr una decisión unánime, que se configuró además, como un fraude procesal, al asegurarle a Venezuela la soberanía sobre la desembocadura del río Orinoco que sin duda le correspondía desde siempre, la despojara de la soberanía que le correspondía en los territorios a oeste del río Esequibo hasta el río Orinoco, fijando para ello una frontera arbitraria entre la Colonia de la Guyana Británica y Venezuela, sin tomar en cuenta, entre otros factores, la "extensión de los territorios pertenecientes o que podrían ser reclamados legalmente por las provincias Unidas de los Países Bajos o por el Reino de España, respectivamente, en el momento de la adquisición por Gran Bretaña de la Colonia de la Guayana Británica," como lo exigía el Tratado de Washington de 1897.

La consecuencia de todo ello, y estando el juicio en curso ante la Corte Internacional de Justicia, habiendo sido determinada por la Corte Internacional de Justicia su competencia para resolver sobre "la validez del Laudo Arbitral de 3 octubre de 1899 y la cuestión conexa de la solución definitiva de la disputa fronteriza terrestre entre Guyana y Venezuela," la argumentación y alegatos que Venezuela está obligada a hacer en este caso, en la Contra-Memoria que tiene que presentar antes de 8 de abril de 2024, tiene necesariamente que enfocarse hacia dos aspectos que deben ser tratados, claramente diferenciados:

Por una parte, los alegatos sobre la nulidad del Laudo de 1899;

Y por la otra, los alegatos sobre los títulos jurídicos e históricos de Venezuela sobre el Territorio de la Guayana Esequiba a los efectos de la fijación de la frontera terrestre entre las partes.

Guyana ya presentó ante la Corte Internacional de Justicia el 8 de marzo de 2022 su *Memoria*, alegando sobre ambos aspectos; Venezuela tiene hasta 8 de abril de 2024 para presentar su *Contra-Memoria* sobre ambos aspectos, respondiendo los alegatos de Guyana.

V

SOBRE EL TEMA DE LA NULIDAD DEL LAUDO ARBITRAL DE 1899 Y EL MEMORANDUM DE MALLET-PREVOST

Sobre el tema de la nulidad del Laudo Arbitral de 1899, entre los múltiples elementos probatorios que Venezuela tiene a su alcance y que tendrá que esgrimir ante la Corte Internacional de Justicia, está la evidencia dejada por el abogado de Venezuela ante el Tribunal arbitral de Paris, Severo MALLET-PREVOST, primero expresada apenas se dictó el Laudo, de lo cual incluso se hizo eco un escritor francés en 1900, y luego en un documento póstumo.

MALLET-PREVOST, en efecto, unas semanas después de que se dictó el Laudo Arbitral de 3 de octubre de 1899, con fecha 26 de octubre de 1899 dirigió desde Nueva York una comunicación al profesor George L. BURR de la Universidad de Cornell, en Ithaca N.Y, en la cual le expresó su deseo de hablar con él para contarle una "larga historia" indicándole sobre el Laudo que:

"La decisión le fue impuesta a nuestros árbitros y, en estricta confidencia, no tengo la menor duda en decirle que los Árbitros Británicos no fueron llevados por consideración alguna de derecho o justicia y que el Árbitro Ruso fue probablemente obligado a tomar una decisión que tomó por razones ajenas a la cuestión.

Sé que esto abrirá su apetito, pero no puedo hacer más por los momentos. El resultado es, en mi opinión, un golpe al arbitraje." (referencia en: Ministerio de Relaciones Exteriores, *La Reclamación Esequiba. Documentos.* Caracas, 1984, p. 163

Posteriormente, en un testimonio escrito por el exjuez y abogado Otto SCHOENRICH, sobre la conversación que sostuvo en Nueva York, en 1944, con Severo MALLET-PREVOST, se volvió a tocar este tema, con la publicación también del texto de una declaración que el mismo MALLET-PREVOST elaboró sobre el Laudo Arbitral dictado; textos ambos que se publicaron en 1949, después del fallecimiento de MALLET-PREVOST, en la Revista: *The American Journal of International Law*. Vol. 43, Nº 3, New York julio 1949, pp. 523-530.

El texto de esos documentos de SCHOENRICH y de MALLET-PREVOST es el siguiente:

(Traducción al español)

LA DISPUTA FRONTERIZA ENTRE VENEZUELA Y LA GUAYANA BRITÁNICA

La reciente muerte de Severo MALLET-PREVOST, un distinguido abogado internacionalista de Nueva York, ha quitado de la escena el último de los hombres que intervinieron hace 50 años en el arreglo de la disputa de límites entre Venezuela y la Guayana Británica. Al recordar la tensión que entonces existía entre los Estados Unidos y Gran Bretaña, ello también nos permite la publicación de un incidente que indica cómo el Tribunal de Arbitraje llegó a la adopción de su decepcionante laudo.

La zona en disputa entre Venezuela y Gran Bretaña abarcaba un área de 50.000 millas cuadradas, algo mayor

que la del Estado de Nueva York y algo menor que la de Inglaterra, Venezuela la reclamaba como sucesora en títulos de España en virtud de su revolución contra España en el año 1810. Gran Bretaña reclamaba en razón de su conquista a los holandeses, cuyos derechos se basaban a su vez en la ocupación de territorio español. Cuando los holandeses, todavía súbditos de España, se rebelaron contra ella, y durante esa larga guerra fundaron varios establecimientos en Guayana, llegando hacia el Oeste hasta el Río Esequibo, y cuando finamente, un Tratado de Paz fue firmado en 1648, España los autorizó a retener los sitios en que ya se habían establecido. Posteriormente comerciantes holandeses penetraron algunas veces más hacia el Oeste, incluso ocasionalmente hasta el Orinoco, pero fueron prontamente rechazados por los españoles. Gradualmente las autoridades holandesas consideraron el río Moruca, cerca de 125 millas al este del Orinoco, como el límite extremo de su colonia, aun cuando España continuó rechazando tales pretensiones y consideraba al Esequibo, cerca de 185 millas al este del Orinoco, como la frontera. Durante las guerras napoleónicas, Gran Bretaña, en guerra con Holanda y Francia, ocupó Demerara y Esequibo, y posteriormente mediante el Tratado de Paz de 1814, Holanda le cedió los establecimientos de Demerara, Esequibo y Berbice.

La tendencia a la expansión colonial, que caracterizó el siglo XIX pronto se puso en evidencia en Guayana, donde Gran Bretaña empezó a reclamar territorios mucho más allá del Esequibo y aún del Moruca. En 1834, el Gobierno Británico envió a Robert Herman SCHOMBURGK, un distinguido naturalista alemán, a explorar Guayana, y en vista de su brillante informe, fue comisionado en 1840 para hacer un levantamiento topográfico del territorio. Al hacerlo, naturalmente tuvo en mente los intereses de sus empleadores. Sin consultar a las autoridades venezolanas y sin considerar que cualesquiera derechos de los holandeses, sobre la base de lo cual Gran Bretaña reclamada, debían ser establecidos por ocupación y no por visitas furtivas, él colocó hitos de demarcación en la selva, incluso en Punta Barima en la Boca del Orinoco, la posesión de lo cual consideró de importancia para Gran Bretaña, como sitio estratégico comandando la entrada de ese río. Cuando Venezuela protestó e insistió en que se removiesen tales hitos, Gran Bretaña consintió en hacerlo, explicando que habían sido meras indicaciones de una pretensión. SCHOMBURGK igualmente sometió un mapa mostrando una línea fronteriza entre la Guayana Británica y Venezuela. Una considerable controversia se produjo posteriormente sobre la identidad de ese mapa y de la ubicación de la original línea Schomburgk.

Cuando súbditos británicos se infiltraron en el territorio así pretendido, Venezuela, débil y desgarrada por la guerra civil, sólo pudo protestar. En 1877, fue publicado un mapa oficial de la Guayana Británica, fechado 1875, mostrando como frontera una línea identificada como la línea de Schomburgk, que incluía Punta Barima y todo el territorio pretendido por Gran Bretaña; pero con una nota indicando que tal línea no debía tomarse como autoritativa, ya que ella no había sido concertada por los respectivos Gobiernos. Cuando se descubrieron depósitos de oro en la región, un nuevo mapa fue publicado en 1880, fechado sin embargo 1875, pero mostrando la frontera Schomburgk empujada mucho más hacia el oeste, agregando una considerable extensión a la Guayana Británica, y omitiendo cualquier indicación de que la nueva línea fuese tentativa o sujeta a acuerdo. En vista de esto, Venezuela pidió formalmente en 1887 la evacuación del territorio retenido por la Gran Bretaña, desde un punto al este del Río Moruca, y cuando tal exigencia fue rechazada rompió relaciones diplomáticas con Gran Bretaña.

Lord SALISBURY, Ministro de Relaciones Exteriores, rechazó las exigencias venezolanas de arbitraje y puso de lado las ofertas de mediación hechas por los Estados Unidos. Su actitud produjo indignación en los Estados Unidos, y la consecuencia fue el famoso mensaje de Cleveland al Congreso de diciembre de 1895, recomendando el nombramiento de una Comisión que permitiese a los Estados Unidos determinar, para su propio conocimiento, dónde estaba la verdadera línea divisoria. El Congreso acogió unánimemente tal solicitud. En enero de 1896 el Gobierno de los Estados Unidos designó como miembros de la Comisión de Límites autorizada por el Congreso a los señores: David J. BREWER, Juez Asociado de la Corte Suprema; Richard L. ALBEY, Presidente de la Corte de Apelación del Distrito Columbia, erudito hispanista; F. R. COUDERT, miembro distinguido del Foro de Nueva York; Dr. D. C. GILMAN, Presidente de la Universidad de Johns Hopkins y Dr. Andrew W. WHITE, de la Universidad de Cornell. El hispanista y experto en Derecho Latinoamericano, Severo MALLET-PREVOST, fue designado Secretario. La Comisión empezó inmediatamente un cuidadoso trabajo de investigación.

Era evidente que el informe a ser elaborado por la Comisión podía resultar muy embarazoso para la Gran Bretaña. El Ministerio de Relaciones Exteriores Británico, al darse cuenta de la situación, modificó su anterior actitud y en febrero de 1897 Gran Bretaña y Venezuela firmaron un Tratado de Arbitraje sometiendo la cuestión fronteriza a un tribunal arbitral, cuyas sesiones tendrían lugar en París. La Comisión de Límites de los Estados Unidos fue de seguidas disuelta, y sus trabajos se pasaron al nuevo tribunal.

Conforme al Tratado de Arbitraje firmado entre Gran Bretaña y Venezuela se designados cinco jueces. Lord Chief Justice RUSSELL y Lord Justice COLLINS de Gran Bretaña, Chief Justice FULLER y Justice BREWER de la Corte Suprema de los Estados Unidos, y como presidente, el Professor F. de MARTENS, distinguido autor ruso de Derecho Internacional. En marzo de 1898, cada Parte presentó un alegato, con documentos anexos: Venezuela, tres volúmenes y un atlas; Gran Bretaña, siete volúmenes y un atlas. En julio de 1898, el contra-alegato fue presentado: Venezuela, tres volúmenes y un atlas; Gran Bretaña, dos volúmenes y mapas. En noviembre de 1898 las partes sometieron informes impresos: Venezuela, dos volúmenes; Gran Bretaña un volumen. Después de una breve sesión inaugural en enero de 1899, las sesiones formales se iniciaron en París en junio de ese mismo año, y comprendieron 54 sesiones de 4 horas cada una, que terminaron el 27 de septiembre de 1899. Gran Bretaña estuvo representada por cuatro Consejeros: Sir Richard E. WEBSTER, Procurador General; Sir Ribert T. REID, ex Procurador General, y señores G. R. ESHWITH y ROWLATT, Venezuela estuvo representada por cuatro distinguidos consejeros norteamericanos: el ex Presidente Benjamín HARRISON; el ex Secretario de Guerra, General Benjamín S. TRACY; el señor Severo MALLET-PREVOST y el señor James RUSSELL SELEY. El Procurador General Webster, en nombre de Gran Bretaña, abrió el debate con un discurso que duró trece días, y el señor MALLET-PREVOST, en nombre de Venezuela, lo siguió con otro, también de trece días. Los debates terminaron con un discurso del Procurador General WEBSTER, por Gran Bretaña y un brillante discurso del ex Presidente HARRISON, por Venezuela. Los discursos, las preguntas hechas por los jueces y las respuestas dadas por los abogados, fueron todos recogidos taquigráficamente. Las actas fueron impresas más tarde y publicadas en once volúmenes.

El 4 de octubre de 1899, el Tribunal de Arbitraje dictó un laudo unánime. Fue extremadamente corta, no dio razones de clase alguna para la decisión, y se limitó a describir la línea fronteriza aprobada por el Tribunal. La línea así establecida comenzaba en Punta Playa, alrededor de 45 millas al este de Punta Barima, de allí continuaba hasta la confluencia de los Ríos Barima y Mururuma y luego seguía hacia el sur a lo largo del Río Amacura. El laudo concedió a Gran Bretaña casi el noventa por ciento del citado territorio en disputa; pero la boca del Orinoco y una región de alrededor de 5.000 millas cuadradas, en la región sudoriental de las cabeceras del Orinoco, fueron reconocidas a Venezuela.

El laudo provocó sorpresa y decepción generales. Los estudiosos del Derecho Internacional deploraron la ausencia de toda clase de razones o argumentos en el laudo. Los estudiosos de la tesis venezolana en la controversia se escandalizaron por la excesiva concesión de territorio a la Guayana Británica, claramente más allá de cualquier línea a la que la colonia pudiera tener derecho justamente. Sin embargo, no había nada que hacer al respecto. Los amigos del arbitraje señalaron que se había evitado una guerra, que el costo del arbitraje era menor que el de un solo día de guerra y que, después de todo, Venezuela había conservado la boca del Orinoco y una región en el interior de las cabeceras de ese río. El laudo fue reconocida como un compromiso. El propio Justicia BREWER lo admitió así cuando dijo:

"Hasta el último momento creí que una decisión sería bastante imposible, y fue solamente mediante la mayor conciliación y mutuas concesiones como puedo llegarse a un compromiso. Si a cada uno de nosotros se le hubiese pedido pronunciar el laudo, cada uno la habría dictado una diferente en alcance y carácter. La consecuencia de esto fue que tuvimos que ajustar nuestros diferentes puntos de vista y por último trazar una línea corriendo entre lo que cada quien pensaba era correcto".

Los venezolanos quedaron particularmente disgustados por el resultado y no lo han aceptado nunca, a pesar de que han honrado al Abogado que defendió sus derechos. En enero de 1944, el Gobierno de Venezuela confirió la Orden del Libertador a Severo MALLET-PREVOST, en reconocimiento de sus servicios en relación con la controversia de límites; pero aún en su discurso de presentación, el Embajador venezolano expresó su indignación ante la injusticia sufrida por su país.

A lo largo de su carrera el señor MALLET-PREVOST llegó a ser socio de un Despacho de Abogados de Nueva

York, del cual tengo el honor de ser miembro. Pocos días después de recibir la condecoración venezolana, tuvo ocasión de observar en el curso de conversaciones que, a despecho de las críticas, el laudo era de enorme valor para Venezuela, porque le reconocía la boca del Orinoco y por ello el control de ese gran río y del área que de él depende. Añadió que los Jueces Norteamericanos en el Tribunal de Arbitraje habían favorecido el otorgamiento a Venezuela de mucho más territorio y se habían sentido molestos a causa de la presión ejercida sobre ellos para evitar tal decisión. La palabra "presión" produjo mi asombro, ya que la única presión que yo podía imaginar era la del Gobierno Americano y resultaba inconcebible que ese Gobierno hubiera ejercido presión sobre los jueces o que ellos la hubieran tolerado. Pregunté qué quería él decir con ese término y también cómo pudo el Tribunal ser inducido a dictar un laudo tan en desacuerdo con la evidencia.

El señor MALLET-PREVOST dio entonces una sorprendente explicación, de la cual aparecía que el Gobierno Americano no había tenido nada que ver con tal presión. Afirmó que después de que los informes habían sido oídos por el Tribunal y cuando el asunto estaba listo para decisión, el Magistrado Brewer, uno de los jueces americanos, le había pedido que asistiera a una entrevista en el hotel en donde el Magistrado se alojaba. El Magistrado BREWER entonces afirmó que el Profesor MARTENS, el Presidente ruso del Tribunal, había acudido a los dos jueces norteamericanos para decirles que tanto él como los dos jueces británicos estaban ansiosos de que el Tribunal dictara un laudo unánime. Propuso como compromiso que el laudo fijase una línea fronteriza al este de la Boca del Orinoco, la línea que fue en definitiva adoptada. Si los jueces americanos aceptaban esa línea, él y los jueces británicos votarían también por ella y el laudo del Tribunal sería unánime. Si los jueces americanos no la aceptaban, él votaría junto con los jueces británicos a favor de la línea reclamada por Gran Bretaña, la cual se convertiría así en la frontera, por voto mayoritario del Tribunal. El Magistrado BREWER dijo que tanto él como el Magistrado FULLER, el otro juez norteamericano, estaban muy perturbados por la propuesta, ya que pensaban que la evidencia mostraba claramente el derecho de Venezuela a un territorio considerable al este del Orinoco. Él y el Juez FULLER estaban dispuestos a rechazar la propuesta del ruso y a emitir una enérgica opinión minoritaria a favor de la línea que ellos consideraban apropiada. Sin embargo, el resultado sería un laudo por mayoría de votos que otorgaría a Gran Bretaña un territorio valioso del que Venezuela se vería privada. Por lo tanto, los dos jueces estadounidenses habían decidido presentar el asunto ante el asesor legal que representaba a Venezuela y dejar que el abogado decidiera si debían aceptar el compromiso propuesto o presentar una opinión minoritaria.

El señor MALLET-PREVOST les respondió que debía consultar con el Consejero Principal, ex Presidente Harrison. Cuando regresó a su hotel e informó al General HARRISON acerca de la conversación, éste se levantó indignado. Dando grandes pasos por la habitación y renegando terminantemente, afirmaba que el único procedimiento apropiado era el de una enérgica opinión minoritaria. Reflexionándolo mejor, sin embargo, llegó a la conclusión de que tal procedimiento acarrearía consecuencias que la Defensa de Venezuela no podía ni debía admitir. Privaría a Venezuela de un territorio muy valioso, y lo que era aún más importante, de la boca del gran río Orinoco, el cual atraviesa tan grande extensión del país. Sin embargo, por más disgustados que pudieran estar, el Consejero Legal de Venezuela y los Jueces norteamericanos no podían hacer otra cosa sino aceptar el compromiso propuesto, mediante el cual salvarían considerables ventajas para Venezuela, incluyendo una gran extensión de territorio y el control del Orinoco.

El señor MALLET-PREVOST dijo que él estaba seguro de que la posición de los miembros británicos y el miembro ruso del Tribunal Arbitral era el resultado de algún acuerdo Gran Bretaña y Rusia, por el cual las dos Potencias indujeron a sus representantes en el Tribunal a votar como lo hicieron; y que Gran Bretaña probablemente dio a Rusia ventajas en alguna otra parte del globo. Tres circunstancias, especialmente, lo llevaban a esa opinión. Una era el hecho de que la justicia del caso venezolano había sido abrumadoramente demostrada. Otra era la actitud de Lord RUSSELL, uno de los jueces británicos, según la había manifestado en una conversación con el señor MALLET-PREVOST. Cuando el Sr. MALLET-PREVOST señaló que se esperaba que los jueces consideraran sólo las pruebas que se les presentaran, Lord Russell respondió muy decididamente que tenía una opinión diferente y que también debían ser influenciados por consideraciones generales de política. La tercera circunstancia fue el repentino cambio marcado en la actitud de Lord COLLINS, el otro juez británico, quien al principio había tomado un vivo interés en las pruebas y los argumentos, indicando una comprensión comprensiva y un reconocimiento de la justicia de los reclamos venezolanos, pero quien después de una visita a Inglaterra durante un receso del Tribunal, de repente se volvió taciturno y apático.

Insté al Sr. MALLET-PREVOST a que escribiese un relato del incidente, el cual podría publicarse después de su muerte si él no quería que se divulgase antes, insistiéndole en que debía tal declaración a sí mismo y a la memoria de los jueces estadounidenses en el Tribunal de Arbitraje. Dijo que lo haría y aproximadamente una semana después me dijo que había dictado el memorándum.

El señor MALLET-PREVOST murió en Nueva York el 10 de diciembre de 1948. Después de su muerte el siguiente documento fue encontrado entre sus papeles, que demuestra que el resentimiento de Venezuela es justificado.

"Memorándum dejado al Juez SCHOENRICH,
para no ser publicado sino a su juicio,
después de mi muerte".

El magistrado BREWER y yo nos embarcamos para Europa en enero de 1899 para asistir a la primera sesión del tribunal arbitral, que debía reunirse en París con el objeto de determinar la frontera entre Venezuela y Gran Bretaña. Los términos del Protocolo que había sido firmado entre Gran Bretaña y Venezuela exigían que el tribunal se debía reunir en esa oportunidad. Sin embargo, como se consideró inconveniente para todos los que deberían estar relacionados con el arbitraje reunirse en esa fecha, se decidió celebrar simplemente una reunión preliminar, a fin de cumplir con los términos del Protocolo, y luego aplazar hasta una fecha más conveniente.

Antes de ir a París, el juez BREWER y yo nos detuvimos en Londres. Estando allí el Señor Henry WHITE, encargado de negocios de los Estados Unidos, nos ofreció una pequeña comida a la cual fue invitado el Lord Justicia Mayor RUSSEL. Me senté junto a Lord RUSSEL y, en el curso de nuestra conversación, me aventuré a expresar la opinión de que los arbitrajes internacionales deberían fundar sus decisiones exclusivamente en consideraciones legales. Lord RUSSEL respondió inmediatamente diciendo: "Estoy totalmente en desacuerdo con usted. Yo pienso que los arbitrajes internacionales deben ser conducidos por vías más amplias y deben tomar en consideración cuestiones de política internacional". Desde ese momento supe que no podíamos contar con Lord RUSSELL para decidir la cuestión fronteriza sobre la base de derecho estricto.

Cuando nos reunimos en París el 1° de junio siguiente conocí por primera vez a Lord COLLINS. Durante los discursos del Procurador General Sir Richard WEBSTER y mío (los cuales duraron 26 días), era bastante obvio que Lord Collins estaba sinceramente interesado en conocer todos los hechos del caso y en determinar la ley aplicable a esos hechos. Él, por supuesto, no dio indicación acerca de cómo votaría en la cuestión; pero toda su actitud y las numerosas preguntas que formuló eran críticas respecto de las pretensiones británicas y dieron la impresión que se estaba inclinando hacia el lado de Venezuela.

Después de que Sir Richard WEBSTER y yo concluimos nuestros discursos, el Tribunal suspendió sus sesiones para una corta vacación de dos semanas. Los dos árbitros británicos regresaron a Inglaterra y llevaron consigo al señor MARTENS.

Cuando reanudamos nuestras sesiones al final del receso, el cambio en Lord COLLINS fue notable. Hizo muy pocas preguntas y toda su actitud fue completamente diferente de lo que había sido. Nos pareció a nosotros (con lo que me refiero al abogado de Venezuela) como si algo debió haber sucedido en Londres para lograr el cambio.

Cuando todos los discursos concluyeron en el mes de agosto o principios de septiembre, el tribunal levantó la sesión para permitir que los árbitros consultaran y emitieran su decisión. Pasaron varios días mientras esperábamos ansiosamente, pero una tarde recibí un mensaje del juez BREWER diciendo que a él y al presidente del Chief Justice FULLER les gustaría hablar conmigo, y pidiéndome que me reuniera con ellos de inmediato en su hotel. Inmediatamente fui allí.

Cuando me llevaron al apartamento donde me esperaban los árbitros americanos, el juez BREWER se levantó y dijo muy excitado: "MALLET-PREVOST, ya no sirve de nada mantener esta farsa pretendiendo que somos jueces y que usted es abogado. El Chief y yo hemos decidido revelarle confidencialmente lo que ha pasado. MARTENS ha ido a vernos. Nos informa que Russell y Collins están listos para decidir a favor de la Línea Schomburgk que partiendo de Punta Barima en la costa daría a Gran Bretaña el control de la boca principal del Orinoco; que si insistimos en comenzar la línea en la costa en el río Moruca, se pondrá del lado de los británicos y aprobará la línea Schomburgk como el verdadero límite". *Sin embargo*, añadió que, "él, MARTENS, está ansioso por lograr una decisión unánime; y si aceptamos la línea que propone, obtendrá la aquiescencia de Lord RUSSELL y Lord COLLINS y así tomar la decisión unánime." Lo que entonces MARTENS propuso de manera fue que la línea en la costa debería comenzar a cierta distancia al sureste de Punta Barima de manera de dar a Venezuela el control de la boca del Orinoco; y que la línea debería conectarse con la línea Schomburgk a cierta distancia en el interior, dejando a Venezuela el control de la desembocadura del Orinoco y unas 5.000 millas cuadradas de territorio alrededor de esa boca. "Esto es lo que MARTENS ha propuesto. El Magistrado Fuller y yo somos de la opinión de que la frontera en la costa debería indicarse en el río Moruca. La cuestión que debemos decidir es si aceptaremos la propuesta de MARTENS o si presentaremos opiniones disidentes. En estas circunstancias, el *Chief* y yo hemos decidido que debemos consultarle, y ahora le hago saber que estamos dispuestos a seguir cualquiera de los dos cursos que Ud. desee que nosotros hagamos". De lo que acababa de expresar el magistrado BREWER, y por el cambio que todos habíamos observado en Lord COLLINS, me convencí entonces, y sigo creyendo, que durante la visita de MARTENS a Inglaterra un acuerdo se había concluido entre Rusia y Gran Bretaña para decidir el caso de acuerdo con las líneas sugeridas por MARTENS y que presión con ese fin se había ejercido de alguna manera sobre COLLINS para que siguiera ese curso. Yo naturalmente sentí que la responsabilidad que se me pedía que asumiera era mayor de lo que podía soportar solo. Así se lo declaré a los dos árbitros y pedí permiso para consultar al General HARRISON. Esto me lo dieron e inmediatamente fui al apartamento del general Harrison para hablar con él sobre el tema.

Cuando revelé al General HARRISON lo que acababa de pasar éste se levantó indignado, y caminando de un lado a otro, calificó la conducta de Gran Bretaña y Rusia en términos que es para mí inútil repetir. Su primera reacción fue la de pedir a FULLER y a BREWER que presentaran una opinión disidente, pero cuando se calmó y estudió el asunto desde un punto de vista práctico, me dijo: "MALLET-PREVOST, si algún día se supiera que estuvo en nuestras manos conservar la desembocadura del Orinoco para Venezuela y que no lo hicimos, nunca se nos perdonaría. Lo que MARTENS propone es inicuo, pero no veo nada que Fuller y BREWER puedan hacer más que estar de acuerdo".

Estuve de acuerdo con el general Harrison y así se lo hice saber a los al Chief Justice FULLER y al Justice BREWER. La decisión que se dictó en consecuencia fue unánime, pero si bien dio a Venezuela el punto estratégico más importante en cuestión, fue injusta para Venezuela y la privó de un territorio muy extenso e importante al que, en mi opinión, Gran Bretaña no tenía la sombra de un derecho.

Lo anterior ha sido dictado por mí el 8 de febrero de 1944.

Otto SCHOENRICH
Miembro de la firma CURTIS, MALLET-PREVOST, COLT y MOSLEY de Nueva York.

Estos documentos son una prueba más de por qué el Laudo Arbitral de 1899 es nulo, como lo ha venido sosteniendo Venezuela desde 1962, por haber sido producto de una manipulación y chantaje impropios para imponer una decisión unánime, con base en un fraude procesal, sin deliberación, en sacrificio de la justicia y de los derechos soberanos de Venezuela, fijado en forma arbitraria, sin fundamento ni motivación alguna, la frontera entre Venezuela y la Colonia de la Guayana Británica, ignorando la historia y las innumerables argumentos y evidencias producidos ante el Tribunal, y en violación de las prescripciones impuestas a los árbitros por el Tratado de Washington de 1897 que dio origen al Tribunal Arbitral.

De la lectura de esos documentos, como se dijo, se entiende por qué el alegato venezolano de que el Laudo Arbitral de 1899 es nulo, al haber fijado en una forma totalmente arbitraria y, por supuesto, sin motivación ni fundamentación alguna la frontera entre la Colonia Británica de Guyana y Venezuela, haciendo prevalecer mediante componenda y chantaje el empeño del Presidente del Tribunal de lograr una decisión unánime a toda costa, sacrificando la justicia y los derechos soberanos de Venezuela, violando para ello las exigencias del Tratado de Washington e ignorando la historia y los cientos de alegatos y evidencias producidos ante el Tribunal, otorgándole al Reino Unido, sin deliberación razonada alguna, el noventa por ciento del territorio Esequibo en disputa, y dejándole a Venezuela solo el control de la boca del río Orinoco que también Gran Bretaña pretendía arrebatarle. Ese fue el señuelo para materializar el despojo.

VI

EL LAUDO ARBITTRAL DE 1899 FUE PRODUCTO DE UN CHANTAJE Y PRESIÓN EJERCIDO POR EL PRESIDENTE DEL TRIBUNAL ARBITRAL SOBRE LOS OTROS JUECES

El hecho más evidente que resulta del Memorándum de MALLET-PREVOST, es que el Laudo Arbitral de 1899 no fue el resultado de ninguna discusión en derecho, sobre títulos históricos y soberanía respecto del territorio en disputa, sino el resultado de una negociación, basada en la presión y el chantaje, desarrollada por el Presidente del Tribunal Sr. MARTENS para lograr un Laudo "unánime," así fuera sin fundamentación ni motivación alguna y sacrificando el derecho y la justicia, que fue lo que el mismo Sr. Martens consideró como un "triunfo."

Por ello en su discurso el mismo día del laudo 3 de octubre de 1899 diría: "En este caso, hemos tenido la gran felicitad de tener la unanimidad de los árbitros sobre todos los puntos de la sentencia, sin reserva alguna;" calificando dicha unanimidad, "un bien inmenso" de un "valor incalculable."

Esa "unanimidad" fue precisamente el producto de la presión y chantaje que el Presidente del Tribunal, el profesor F. MARTENS ejerció sobre todos los otros árbitros.

Ello que resulta de lo expresado por MALLET-PREVOST, en su *Memorándum*, al hacer el recuento de lo que el Juez BREWER le expresó sobre la conducta de MARTENS en relación con los jueces americanos:

"MALLET-PREVOST, ya no sirve de nada mantener esta farsa pretendiendo que somos jueces y que usted es abogado. El Chief y yo hemos decidido revelarle confidencialmente lo que ha pasado. MARTENS ha ido a vernos. Nos informa que RUSSELL y COLLINS están listos para decidir a favor de la línea Schomburgk que partiendo de Punta Barima en la costa daría a Gran Bretaña el control de la boca principal del Orinoco; que, si insistimos en comenzar la línea en la costa en el río Moruca, se pondrá del lado de los británicos y aprobará la línea Schomburgk como el verdadero límite".

"Sin embargo," añadió que,

"él, MARTENS, está ansioso por lograr una decisión unánime; y si aceptamos la línea que propone, obtendrá la aquiescencia de Lord RUSSELL y Lord COLLINS y así tomar la decisión unánime."

"Esto es lo que MARTENS ha propuesto. El Magistrado Fuller y yo somos de la opinión de que la frontera en la costa debería indicarse en el río Moruca. La cuestión que debemos decidir es si aceptaremos la propuesta de MARTENS o si presentaremos opiniones disidentes."

De ello dedujo MALLET-PREVOST su convencimiento de que:

"durante la visita de MARTENS a Inglaterra un acuerdo se había concluido entre Rusia y Gran Bretaña para decidir el caso de acuerdo con las líneas sugeridas por MARTENS y que presión con ese fin se había ejercido de alguna manera sobre COLLINS para que siguiera ese curso."

El chantaje de MARTENS quedó claro con lo que finalmente expresó el expresidente HARRISON:

"MALLET-PREVOST, si algún día se supiera que estuvo en nuestras manos conservar la desembocadura del Orinoco para Venezuela y que no lo hicimos, nunca se nos perdonaría. Lo que MARTENS propone es inicuo, pero no veo nada que FULLER y BREWER puedan hacer más que estar de acuerdo".

"La decisión que se dictó en consecuencia fue unánime, pero si bien dio a Venezuela el punto estratégico más importante en cuestión, fue injusta para Venezuela y la privó de un territorio muy extenso e importante al que, en mi opinión, Gran Bretaña no tenía la sombra de un derecho."

Ello confirma el chantaje y presión que fue ejercido sobre los jueces americanos por el Presidente del Tribunal Profesor MARTENS; presión y chantaje que fue igualmente ejercido sobre los árbitros ingleses.

Ello resulta de lo expresado por el expresidente HARRISON unos meses después, el 15 de enero de 1900, en comunicación dirigida a William E. DODGE, en la cual le informó:

"Con respecto al consejo de Lord RUSSELL de que debería procederse con espíritu judicial en estos asuntos, lo único que tengo que decir es que ni él ni sus colegas británicos practicaron tan buena doctrina. Podría contar, pero no por escrito, algunos incidentes que le sorprenderían (…). En controversia entre individuos, los Tribunales ingleses suelen ser notablemente justos e independientes, pero cuando se trata de extender el dominio de Gran Bretaña, y sobre todo cuando están de por medio, terrenos donde hay oro es demasiado esperar de ellos. La decisión en el caso de Venezuela, como un compromiso, dio a Venezuela los puntos estratégicos, pero la despojó de una inmensa parte de territorio que un tribunal imparcial le habría adjudicado, y de ello no me cabe ninguna duda" (referencia a: Biblioteca del Congreso, Estados Unidos. *Benjamin Harrison Mss*. Vol. 176, fol. 38.134-35).

Todo ello resulta, además, de lo expresado el 7 de octubre de 1899, solo unos pocos días después de dictarse el Laudo, por Lord RUSSELL, uno de los árbitros ingleses a Lord SALISBURY, Ministro de Relaciones Exteriores de Gran Bretaña, indicándole que:

"**I must say here that in one very important respect L.J. COLLINS and I were grievously disappointed by the attitude assumed by Mr. MARTENS. He had up to this, shown that he had a good grasp of the legal question involved and of the facts, but having expressed his opinion on the governing principle rigidly and fearlessly, seemed to cast about for lines of compromise and to think that it was his duty, above all else, to secure, if he could, a unanimous award. I am sorry to be obliged further to say that he intimated to J.L. COLLINS, in a private interview, while urging a reduction of the British claims, that if we did not reduce them, he might be obliged in order to secure the adhesion of the Venezuelan Arbitrators to agree to a line which might not be just to Great Britain. I have no doubt he spoke in an opposite sense to the Venezuelan Arbitrators, and fear of possible a much worse line was the inducement to the them to assent to the Award in its present shape. However, this may be I need not say the revelation of Mr. De MARTENS state of mind was most disquieting**" (referencia a: **Hatfield House, Herts,** *papers of 3rd. Marquis of Salisbury*, **Vol A/94, Doc. 3**).

Todo ello, por lo demás, ha quedado ratificado en la *Memoria* presentada ante la Corte Internacional de Justicia por

Guyana el 8 de marzo de 2022, en la cual, al referirse a la conducta de MARTENS en relación con los jueces británicos, citando las *Memorias* del propio Martens, este narró la forma cómo los presiono y chantajeó, con el mismo propósito de lograr un Laudo "unánime," sin importarle la injusticia que podía resultar.

En la *Memoria* de Guyana, en efecto, se expresa:

"5.12 In fact, Prof MARTENS, in his diary, confirmed that the British Arbitrators, especially Lord RUSSELL, were displeased with his efforts to obtain concessions from them in order to produce a unanimous Award:

"I opened the session with the story about my negotiations and made it clear that I find a firm basis for the possible and complete agreement in the concessions made by the Americans. My speech irritated Lord RUSSELL, who is inherently bad-tempered. He started to talk defiantly, saying that the concluded negotiations between the chairman and the members of the tribunal seem awkward and confusing to him and that he is not going to make any concessions. My brief and clear response was that I consider it not only as my right, but rather as a moral duty to carry out such negotiations to ensure full unanimity between the arbitrators and to achieve the greatest objective – a unanimous arbitral award. Due to this I consider the accusations of Lord RUSSELL groundless and I do not regret about the measures I undertook, which I always immediately communicated to both sides."

5.13 The following passage from Prof MARTENS diary further dispels the suggestion that he colluded with the British to produce a result in their favour:

"Lords RUSSELL and COLLINS are still angry with me as I literally forced them to be more flexible and to waive their excessive demands.... Even though I did not take any side they still felt that I put them in such a position that they had to make one more concession and to accept my line from Cap Palaya. It was obvious that if the British had not agreed to my compromise, I would have joined the Americans rather than them. This is the reason of Lords RUSSELL and COLLINS, and that is how I managed to have the unanimity of all the arbitrators. This is a great triumph!"

5.14 To be sure, Prof MARTENS, as President of the Tribunal, sought to achieve a unanimous Award, which the Arbitrators appointed by the two opposing sides could accept. He made no secret of his objective in this regard:

"I was extremely happy about my triumph of having a unanimous arbitral award, despite the complete opposition of interests, views and law systems of both parties" (*Memoria,* Guyana, par. 5.12-5.14).

Y ese objetivo de MARTENS de lograr un Laudo unánime fue precisamente el que lo llevó a chantajear a ambos grupos de árbitros, en lo que sin duda fue un fraude procesal, tal como él mismo lo dejó como testimonio en su diario, como lo transcribe Guyana en su *Memoria*:

"I went to Lord COLLINS but found him even more unwilling to make concessions than the day before. But then I explained to him that it was not in England's best

**interest to *force* me to take the Americans' side. This
made him reconsider the issue. However, I told Fuller
and BREWER that if they do not make a concession, then
I will have to take the side of the British à contre-coeur,
for I cannot let a scandal to happen, i.e. the situation
when the tribunal cannot decide the case, as 4 arbitrators
cannot agree with each other, and the superarbitrator
refuses to vote!" (*Memoria* Guayana, par. 8.70).**

De lo anterior resulta evidente, por tanto, que el Laudo no
estuvo "basado en la justicia y en el derecho" como lo declaró
Martens al día siguiente de dictado (*Memoria* Guayana, par.
8.73), sino en el empeño del Presidente del Tribunal, sacrificando
el derecho y la justicia ante las diferencias entre los árbitros, con
el objeto de lograr un Laudo unánime, siendo ese su gran
"triunfo" en el caso. Como lo expresó Guayana en su *Memoria:*

**"that Prof MARTENS' overriding aim was to bridge
these differences in order to achieve a unanimous
decision. Prof. Martens' diaries show that it was a desire
for unanimity, rather than a desire for the delimitation
of the boundary along a particular predetermined line"
(*Memoria* Guayana, par. 8.81)**

Para ello, MARTENS presionó y chantajeó a los árbitros
británicos y a los árbitros americanos, negoció con ellos bajo
presión o coerción por separado, conminándolos a cada grupo a
aceptar su propuesta de frontera, amenazándolos, a ambos
grupos de árbitros por separado, de que si no aceptaban lo que
proponía que él estaba formulando, se alinearía con los árbitros
contrarios. Eso es, contrario a lo que argumenta Guyana
(*Memoria* par. 8.63), "coerción" indebida ejercida sobre los
árbitros internamente mediante conversaciones, sin que hubiera
habido efectivamente deliberación alguna del tribunal.

Esto lo reconoce Guyana en su *Memoria*, indicando que las deliberaciones originaron "mutuas concesiones y compromisos negociados por el Presidente, Prof. MARTENS" (par. 8.62), calificando sin embargo el proceso como uno del cual surgió un "consenso," lo cual no es cierto. Dice Guyana:

> **"Those same documents demonstrate that through that process of discussion and deliberation, a settled consensus ultimately emerged – a consensus that was the product of mutual compromises and adjustments in the Arbitrators' respective positions, including compromises facilitated by the Tribunal's President, who strove to achieve a unanimous Award"** (*Memoria* **Guyana, par. 1.39).**

Al contrario, lo que hubo fue un proceso de componenda, presión y chantaje, en fin, fraude procesal, con base en el cual se dictó el Laudo Arbitral de 1899, el cual, en consecuencia, no podía tener fundamento racional alguno ni motivación de clase alguna, como en efecto se dictó, con exceso de poder e ignorándose los argumentos esgrimidos por los partes contenidos en los documentos sometidos a los Árbitros.

VII

UN LAUDO ARBITRAL INMOTIVADO, CON UNA DECISIÓN ARBITRARIA

Como los resumió Otto SCHOENRICH en su Nota al Memorándum de MALLET-PREVOST:

> "In March 1898, each party submitted its case with accompanying papers: Venezuela, three volumes and an atlas; Great Britain, seven volumes and an atlas. In July, 1898, the counter-case was submitted: Venezuela, three volumes and an atlas; Great Britain, two volumes and maps. In November, 1898, the parties submitted printed arguments: Venezuela, two volumes, Great Britain, one volume. After a brief inaugural session in January, 1899, formal sessions for arguments began in Paris in June, 1899, and lasted for fifty-four sessions of four hours each, ending September 27, 1899."

Ese voluminoso acerbo documental presentado en el juicio también fue destacado por Guyana en su *Memoria* de 2022, indicando cómo, conforme a las previsiones del Tratado de Washington, ante el Tribunal Arbitral se formularon alegatos **"through many thousands of pages of written submissions and more than 200 hours of oral hearings,"** (*Memoria Guyana* par. 1.9); en otros términos:

3.46 In addition to the many hundreds of pages of written submissions and over 200 hours of oral arguments, more than 2,600 documents were placed before the Tribunal.

3.47 In accordance with Article XI of the Treaty – which required the Arbitrators to "keep an accurate record of their proceedings" – a verbatim record of the oral proceedings was produced day by day, issued in 56 parts. The published record of the entire oral proceedings ran to more than 3,200 pages.

Todo ello se produjo así:

8.2 [...]on 15 March 1898, Great Britain and Venezuela each submitted their Cases to the Tribunal. Great Britain's Case comprised 164 pages of written submissions plus seven volumes of annexes (running to a total of more than 1,600 pages).467 Venezuela's Case comprised 236 pages of written submissions plus two volumes of annexes (running to more than 900 pages).

8.3 Article VII of the Treaty gave each party the right to file "a Counter-Case, and additional documents, correspondence, and evidence, in reply" within four months of the submission of the Cases. In accordance with that provision, four months after they submitted their Cases, on 15 July 1898, the parties submitted their respective Counter-Cases. Venezuela's Counter-Case comprised three volumes (containing nearly 800 pages) and an atlas. 469 Great Britain's Counter- Case comprised two volumes (of more than 550 pages), together with several maps.

8.4 Four months later, on 15 November 1898, the parties filed their final printed Arguments in accordance with Articles VII and IX of the Treaty. Great Britain's Argument comprised a single volume of 55 pages. 471 Venezuela's Argument comprised two volumes running to a total of 765 pages, with an additional 80 pages of supplementary materials. On 15 June 1899, the substantive hearings before the Tribunal began. 4 Between 15 June and 27 September 1899, the Tribunal held 54 four-hour sessions at which Great Britain and Venezuela presented their respective arguments and evidence.

8.6 In accordance with Article XI of the Treaty – which required the Arbitrators to "keep an accurate record of their proceedings" – a verbatim record of the oral proceedings was produced by a team of shorthand writers and published contemporaneously. The published record of the entire oral proceedings comprises more than 3,200 pages."

Nada de lo alegado y argumentado por las partes, sin embargo, fue considerado por el Tribunal Arbitral de 1899, emitiendo una decisión extremadamente corta, solo escasos seis (6) días después de que finalizaron los argumentos orales como lo destaca Guayana en su *Memoria* (*Memoria* Guayan, par. 8.62); Laudo en el cual supuestamente se consideró las miles de páginas y cientos de documentos antes mencionado, pero sin motivación ni razón, fijando arbitrariamente la frontera entre Venezuela y la Colonia Británica de Guyana, solo expresando que después de haber oído a las partes y examinado lo que se argumentó ante ellos:

"[the Arbitrators] have investigated and ascertained the extent of the territories belonging to or that might lawfully be claimed by the United Netherlands or by the Kingdom of Spain respectively at the time of the acquisition by Great Britain of the Colony of British Guiana."

Esa es la única "motivación" del Laudo, siendo en realidad ese texto, una transcripción del texto mismo del artículo III del Tratado de Washington de 1897 que contenía la instrucción al Tribunal. Esa, que por supuesto no es motivación alguna, fue toda la "motivación" de un laudo que estableció la frontera entre Venezuela y la Colonia de la Guyana Británica, por supuesto sin que los Árbitros hubiesen expuesto cómo habían "**investigated and ascertained the extent of the territories belonging to or that might lawfully be claimed by the United Netherlands or by the Kingdom of Spain respectively at the time of the acquisition by Great Britain of the Colony of British Guiana**" (Artículo III del Tratado de Washington); ni cómo determinaron aplicable o no ell principio de que "**adverse holding or prescription during a fifty years shall make a good title**"(Artículo IV.a del Tratado de Washington).

Sin fundamento alguno, la frontera la fijaron en la siguiente forma:

"Starting from the coast at Point Playa, the line of boundary shall run in a straight line to the River Barima at its junction with the River Mururuma, and thence along the mid-stream of the latter river to its source, and from that point to the junction of the River Haiowa with the Amakuru, and thence along the mid-stream of the Amakuru to its source in the Imataka Ridge, and thence in a south-westerly direction along the highest ridge of the spur of the Imataka Mountains to the highest point of the

**main range of such Imataka Mountains opposite to the
source of the Barima, and thence along the summit of the
main ridge in a south-easterly direction of the Imataka
Mountains to the source of the Acarabisi, and thence along
the mid-stream of the Acarabisi to the Cuyuni, and thence
along the northern bank of the River Cuyuni westward to
its junction with the Wenamu, and thence following the
mid-stream of the Wenamu to its westernmost source, and
thence in a direct line to the summit of Mount Roraima,
and from Mount Roraima to the source of the Cotinga, and
along the mid-stream of that river to its junction with the
Takutu, and thence along the mid-stream of the Takutu to
its source, thence in a straight line to the westernmost point
of the Akarai Mountains, and thence along the ridge of the
Akarai Mountains to the source of the Corentin called the
Cutari River.”**

Como el Laudo fue totalmente inmotivado, no hay evidencia
de que los Árbitros hubieran considerado toda la argumentación
y el material documental aportado por las partes, ni que hubieran
considerado las dos reglas indicadas establecidas en el Tratado
de Washington. Por ello, el resultado fue una "frontera"
establecida arbitrariamente por el Tribunal, sin relación alguna
con las exigencias mencionadas, no siendo resultado de la
determinación de "los territorios pertenecientes o que podrían
ser reclamados legalmente por las Provincias Unidas de los
Países Bajos o por el Reino de España, respectivamente, en el
momento de la adquisición por Gran Bretaña de la Colonia de la
Guayana Británica," ni de la aplicación o no del principio de
que una "tenencia adversa o prescripción durante cincuenta años
podía hacer un buen título;" reglas eran parte de la misión
primaria que el Tribunal de 1899 debía realizar conforme al
Tratado de Washington. Esa tarea es la que ahora corresponderá

asumir a la Corte Internacional de Justicia al declarar la nulidad del Laudo de 1899, conforme a toda la documentación que fue producida ante el Tribunal de 1897-1899, que sin duda debe aportarse al juicio, más la nueva documentación que presenten las partes para la determinación de la frontera entre Venezuela y Guyana.

En particular, la segunda de las reglas establecidas en el Tratado de Washington, ignoraba el Acuerdo al cual habían llegado el Reino Unido y Venezuela desde 1850, firmado en sendas comunicaciones por el Encargado de Negocios de Gran Bretaña en Caracas, Belford Hinton Wilson de 18 de noviembre de 1850 y por el Ministro de Relaciones Exteriores de Venezuela, Vicente Lecuna de 20 de diciembre de 1850, luego de publicado el Informe de SCHOMBURGK (*Reisen in Guiana und am Orinoko*, Leipzig, 1841), en el cual ambos países se comprometieron a no ocupar ni usurpar el territorio en disputa al oeste del río Esequibo.

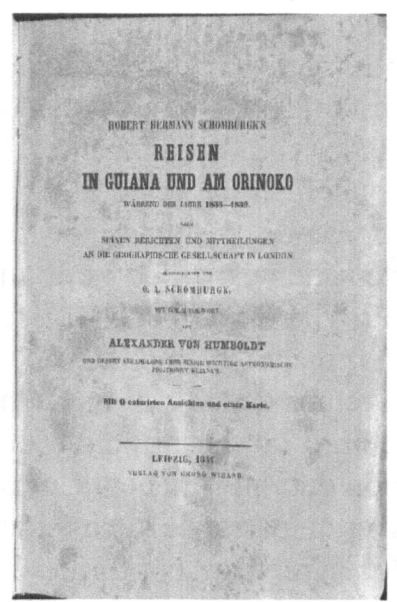

Por ello, el Tribunal Arbitral debió haber estudiado el sentido, valor y efecto de dicho Acuerdo, que impedía que pudiera haberse producido una supuesta prescripción de cincuenta años que no podía operar con base en una supuesta posesión que no era legítima ni pacífica, y que además, ignoraba totalmente el principio *uti possidetis juris* que era el título conforme al cual Venezuela conformó su territorio al declararse Independence de España a partir de 1810.

La falta de motivación del Laudo, que es consecuencia de la arbitrariedad y de la manipulación en la emisión del mismo, afecta el Laudo de nulidad, no siendo cierto lo afirmado por Guyana en su *Memoria* de que:

"The absence of reasons for the Arbitral Tribunal's decision was in accordance with the requirements of the Treaty, the contemporaneous expectation of the parties, and the general prevailing practice at the time." (*Memoria* **Guyana par. 1.38**).

Debe recordarse, no sólo que el Tratado de Washington obligaba al Tribunal a demostrar que había observado las reglas que contenía, sino que al contrario, en paralelo al proceso arbitral desarrollado en París en 1899, en la Primera Conferencia de la Paz de la Haya desarrollada el mismo año, en la cual también participaba Martens, a pesar de su oposición, prevaleció la propuesta del representante de Alemania de que en la Convención de La Haya (art. 2, que finalmente fue el 52), se estableciera que la sentencia arbitral "debe contener las razones en que se funda," cristalizándose la costumbre jurídica ya establecida de que un laudo debe ser motivado.

Precisamente, esa falta de motivación del Laudo, que Guyana reconoce, y que lo hace nulo por arbitrario, parece ser lo que Guyana buscó suplir, 123 años después, cuando "explicó" en su *Memoria* de 2022, que:

3.56 The boundary established by the Tribunal did not match the claim of either party but divided the disputed territory between them. Venezuela's claim to the entire Essequibo Region, comprised of all the territory between the Essequibo and Orinoco Rivers, was rejected. Likewise, Great Britain's "Extreme Boundary Claim" and its alternative claim based on the Schomburgk Line

were rejected. Instead, the Tribunal adopted the standard that Great Britain was entitled to the territory possessed by the Dutch at the time the British acquired it from them, and Venezuela was entitled to the territory belonging to Spain at that time. The Tribunal drew a line that, as it described, divided the Amakura and Barima basins, leaving the former on the Venezuelan side and the latter on the British side, with the result that Venezuela was given Point Barima on the Atlantic Coast, with a strip of land about fifty miles long. This gave it dominion and control over the entire mouth and surrounding delta of the Orinoco River. And it left the British with far less territory than it would have received if the Original Schomburgk Line had been adopted as the boundary, let alone the more extreme boundary claimed by Great Britain. (*Memoria* Guyana par. 3.56).

Esta "explicación" o "motivación" sin embargo, no está en el texto del Laudo, y en todo caso, si lo hubiera estado, lo que haría sería confirmar su nulidad, por arbitrario, en particular porque es falso que, como dice Guyana en su Memoria el:

"Tribunal adopted the standard that Great Britain was entitled to the territory possessed by the Dutch at the time the British acquired it from them, and Venezuela was entitled to the territory belonging to Spain at that time."

Esto es falso no solo porque ello no se argumenta en la sentencia sino porque ello no se ajusta a la realidad histórica pues los establecimientos (*establishments)* (que no territorios) que los holandeses poseían al momento en el cual Gran Bretaña los adquirió de aquellos mediante la Convención firmada entre Gran Bretaña y los países bajos el 13 de agosto de 1814, eran tres enclaves minúsculos o asentamientos en los ríos Esequibo,

Demerara y Berbice, y los títulos de Venezuela y el domino se extendía a todo lo largo de los territorios situados entre el río Esequibo y el río Orinoco.

Por lo demás, lo que realmente sucedió no fue que con el Laudo Arbitral, como afirma Guyana en su *Memoria*, el mismo le haya dado a Venezuela **"dominion and control over the entire mouth and surrounding delta of the Orinoco River,"** de la cual era titular desde que Cristóbal Colón pisó Paria en 1498; sino que lo que realmente ocurrió por el chantaje jugado por el Presidente del Tribunal arbitral para producir un Laudo unánime, fue que ese dominio y control sobre el Orinoco no se le hubiera quitado a Venezuela como en forma amenazante MARTENS se lo planteó a los árbitros americanos para lograr sus votos.

Todo lo anterior evidencia que el Laudo Arbitral de 1899 es nulo, no solo por falta de fundamentación jurídica y de motivación, sino por desviación y fraude procesal, con lo que el tribunal se excedió en el ejercicio de su función, "resolviendo" un arbitraje que era de derecho sin consideraciones jurídicas, desconociendo los términos del derecho internacional, y además estableciendo principios sobre navegación de ríos en la Guayana Esequiba en tiempos de paz (ríos Amakuru y Barima) que no estaba entre los poderes de los Árbitros. Y todo ello, porque uno de los árbitros actuó corruptamente, al chantajear y negociar con los otros árbitros, por separado, en una componenda donde se sacrificaron los derechos soberanos de Venezuela, materializándose un despojo, solo para lograr una decisión "unánime," mediante la amenaza cierta (que estaba en manos de la decisión del quinto Arbitro Sr. MARTENS, el "superárbitro") de quitarle a Venezuela el control de las bocas del río Orinoco.

Además, el laudo es nulo porque el tribunal, con esa conducta, cometió un error esencial de derecho, al ignorar y no decidir conforme a lo que se le había impuesto que era partiendo de investigar y determinar "la extensión de los territorios pertenecientes o que podrían ser reclamados legalmente por las Provincias Unidas de los Países Bajos o por el Reino de España, respectivamente, en el momento de la adquisición por Gran Bretaña de la Colonia de la Guayana Británica," y "la tenencia adversa o prescripción durante cincuenta años que haría un buen título;" para poder pasar luego, en consecuencia a "determinar la línea fronteriza entre la Colonia de la Guayana Británica y los Estados Unidos de Venezuela.

No es que no haya evidencia de que los Árbitros no consideraron dichas reglas impuestas por el Tratado de Arbitraje como lo afirma Guyana en su *Memoria* (par. 8.48); al contrario, lo que no hay es evidencia alguna, por la falta de motivación del Laudo, de que los Árbitros hubieran efectivamente considerado esos aspectos fundamentales establecidos en el Tratado de Washington, como resulta del texto mismo de la arbitraria frontera que fijaron. Ese error de derecho derivó del error esencial de hecho, al ignorar el Tribunal para tomar su arbitraria decisión, la historia y sus hechos, fijando arbitrariamente una frontera entre los dos países, sin fundamento alguno.

Por otra parte, respecto de los errores que hubo en los mapas presentados ante el Tribunal por el Reino Unido, que desde 1865 Venezuela ha denunciado como falsos o manipulados, como lo reconoce Guyana en su *Memoria*, si no hay evidencia alguna de que los mismos hayan tenido influencia en las deliberaciones del Tribunal o en el resultado del Laudo (*Memoria*, Guyana par. 8.61), es precisamente por la falta de motivación del mismo que lo vicia de nulidad.

TERCERA PARTE

LAS PREMISAS HISTÓRICAS ESENCIALES PARA RESOLVER LA CONTROVERSIA DE LA GUAYANA ESEQUIBA Y LAS FALSEDADES EN LA *MEMORIA* DE GUYANA PRESENTADA ANTE LA CORTE INTERNACIONAL DE JUSTICIA

I

PREMISAS HISTÓRICAS ESENCIALES PARA RESOLVER LA CONTROVERSIA Y EL ELENCO DE SUS PRUEBAS DOCUMENTALES

Venezuela tiene todos los títulos jurídicos e históricos que demuestran su soberanía sobre el territorio de la Guayana Esequiba al oeste del río Esequibo. Por ello, si se respeta la historia, los siguientes hechos son los que se corresponden con la misma para resolver la Controversia conforme a los términos establecidos en el Tratado de Washington de 1897, y que demuestran la titularidad jurídica e histórica que tiene Venezuela sobre el Territorio Esequibo, entre el río Orinoco y el río Esequibo:

Primero, que la ocupación y toma de posesión del territorio de la parte norte de Sur América desde el Ismo de Panamá hasta el río Amazonas, comenzó con el descubrimiento de Cristóbal COLÓN en la desembocadura del río Orinoco en 1498; la navegación de Vicente YÁNEZ PINZÓN, en 1499 bordeando la costa norte del Brasil hasta el Delta del Amazonas, obteniendo Capitulación para ir a descubrir desde la punta de Santa María hasta Rostro Hermoso y el río de Santa María de la Mar Dulce (el Marañón o Amazonas); la navegación de RODRIGO DE BASTIDAS en 1500, acompañado de Juan DE LA COSA, obteniendo éste último en 1504 Capitulación para ir a descubrir el Golfo de Urabá, y el primero, en 1524, Capitulación para descubrir y poblar la provincia de Santa Marta; la navegación de Alonso de HOJEDA, acompañado de Américo VESPUCIO por las costa de Venezuela y redescubriendo la pesquería de perlas cerca de la Isla de Margarita, obteniendo Capitulación en 1504 para ir a descubrir a Coquibacoa (La Guajira), fundándose en 1508 en Cubagua la Ciudad de Nueva Cádiz; y la Capitulación otorgada a los Welser en 1528 para el descubrimiento y población de lo que hoy es Venezuela, desde Maracapaná a Cabo de la Vela.

A ese primer proceso de descubrimiento y población, lo siguió el viaje de Diego de Ordaz en 1530, con Capitulación para descubrir, conquistar y poblar doscientas leguas desde Maracapana, en los confines de la Capitulación a los alemanes, hasta el río Marañon, llegando en 1531 a Paria. Después de la expedición de Diego DE ORDAZ por el Orinoco en 1531, la penetración efectiva hacia la Guayana venezolana hacia el este comenzó a partir de 1568, primero desde Cumaná y luego desde el Nuevo Reino de Granada.

En ese año 1568 se estableció, primero, la Provincia de la Nueva Andalucía o Cumaná mediante Capitulación otorgada a Diego FERNÁNDEZ DE SERPA, la cual comprendió en diversas ocasiones a las Provincias de Trinidad y Guayana; y segundo, la Provincia de Guayana mediante Capitulación otorgada a Gonzalo JIMÉNEZ DE QUESADA para descubrir y poblar los llanos, provincias y tierras al oriente del Nuevo Reyno de Granada, lo cual se hizo efectivo en 1569, por Antonio DE BERRÍO, quien fundó la ciudad de Santo Thomé de Guayana en la ribera del Orinoco en 1595, y antes, en 1592, de San José de Oruña, en la isla de Trinidad que siempre formó parte de dicha Provincia.

Dichas Provincias se establecieron hacia el este hasta los confines del río Amazonas, que era su límite territorial. En esos vastos territorios denominados geográficamente como Caribana y Guiana, fue donde los holandeses ubicaron algunos asentamientos comerciales.

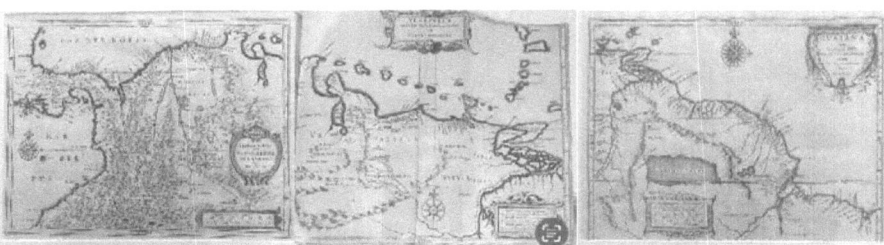

La información sobre el descubrimiento y reconocimiento de Sur América por los españoles y otros navegantes quedó expresada en la obra de Joannis de Laet o Leat, Nievwe Wereldt, ofte beschrijvinghe van West-Indien (Leyden, 1625-1630), particularmente en los mapas que contenía, elaborados por Hessel Gerritsz, uno de los menos conocidos de los grandes cartógrafos holandeses del Siglo XVII. Fue Cartógrafo oficial de la Compañía Holandesa de las Indias Orientales, y pudo reunirtoda la información cartográfica que llegaba desde el Nuevo Mundo hacia Holanda. Viajó hasta el Caribe y las costas de Brasil, lo que le permitió recolectar de primera mano la información que vertió en sus mapas, lo que no ocurrió con los otros.

En cuando a la ocupación del territorio en la zona por parte de la Corona española, sin duda dificultosa por la presencia de grandes comunidades indígenas, como los caribes, al este de los ríos Orinoco y Caroní se realizó fundamental y formalmente mediante Misiones Jesuíticas y principalmente Capuchinas, las cuales gobernaron la Amazonia y el territorio de la Guayana Esequiba en nombre de la Corona española.

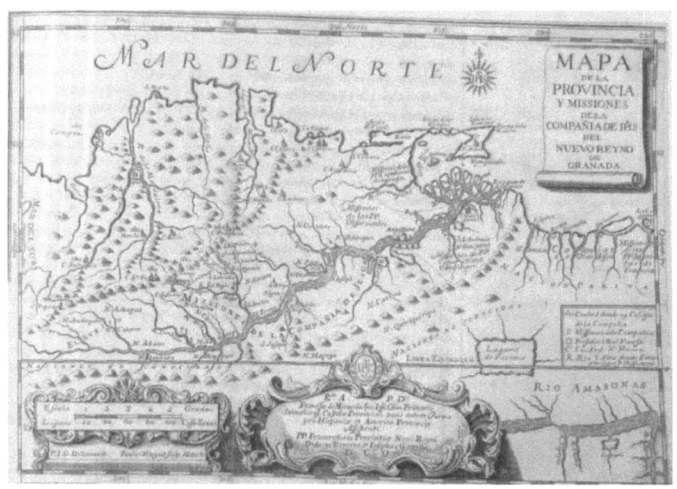

Mapa de la provincia y Misiones de la Compañía de Jesús
del Nuevo reino de Granada 1741

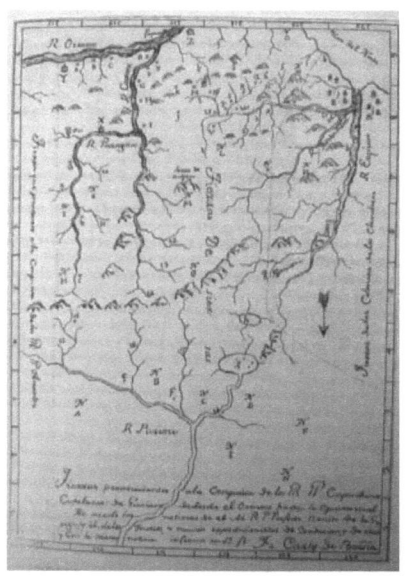

Tierras pertenecientes a la conquista de los RP Capuchinos Catalanes
de Guaina Desde el Orinoco hasta la Equinoccial,
Fray Carlos de Barcelona, 1779

Muestra las "tierras de las Colonias de los Olandeses"
al este del río Esequibo

Segundo, que los holandeses, entonces sujetos rebeldes del reino de España que aún no había reconocido la independencia de las Provincias Unidas de los Países Bajos (la "guerra de los ochenta años" de esa independencia comenzó en 1568 y terminó en 1648 don el Tratado de Münster), un siglo después del descubrimiento, y del inicio de la colonización por España de todo el territorio entre el Istmo de Panamá y el río Amazonas, a partir de 1598 comenzaron a incursionar en las costas de Guayana para establecer asentamientos con fines comerciales, particularmente en los territorios al este del río Esequibo, en los ríos Berbice y Demerara, y además, un fuerte en la isla de,

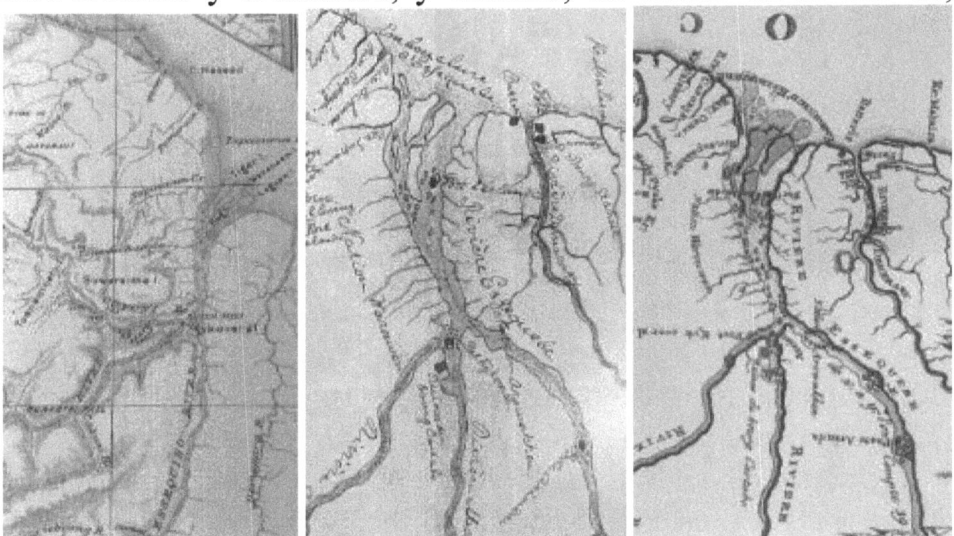

Izq.: Detalle del Mapa: "Historical Map showing European Occupation in the year 1626." George Lincoln Burr. Washington 1897. Presidential Commission United States

Centro: Detalle del Mapa: "Carte Générale de la Cologne d'Esequebe et Demerarie situé dans la Guiane en Amérique. F. von Bouchennoeder, 1798

Der: Detalle del General Map of a Part of Guiana, F. von Bouchennoeder, 1798. Todos muestran el asentamiento del Fuerte Kyk-over-al, en la isla del mismo nombre en la unión del río Mazaruni con el río Cuyuní, antes de su desembocadura en el río Esequibo.

Kykoveral, en la confluencia del río Mazaruni con el río Cuyuní, antes de su desembocadura en el río Esequibo (1616) (1616), manejados por la West Indian Company que había sido establecida en 1607.

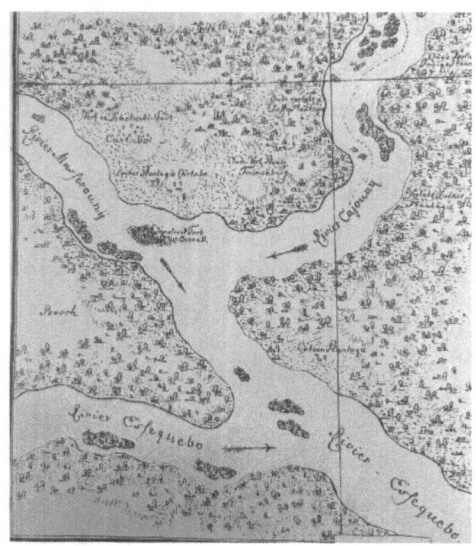

Furtivamente hicieron incursiones en los territorios al oeste del río Esequibo, incluso en alguna ocasión atacaron la ciudad de Santo Thomas de Guayana, pero fueron siempre rechazados por los españoles.

Tercero, que mediante el Tratado de Münster de 1648 suscrito entre España y los Estados Generales de los Países Bajos, al reconocer España la independencia de

Detalle del Map of the Cuyuni River from its mouth to the First fall, J.C.v Heneman 1772

Holanda, reconoció las posesiones que tenían los holandeses en Guayana al este del río Esequibo en los ríos Demerara y Berbice, y en la unión del río Mazaruni y el río Cuyuní antes de la desembocadura en el río Esequibo, en la isla de Kyk-over-al exclusivamente, habiendo quedado establecida la frontera en las posesiones en la Guayana entre España y Holanda, en el río Esequibo. El territorio al oeste del Esequibo quedó bajo la soberanía española, sin derecho alguno por parte de Holanda de continuar ocupando territorios. España, al reconocer los asentamientos holandeses mencionados, por tanto, retuvo la soberanía sobre el resto del territorio esequibo, no estando autorizada Holanda por el Tratado de Münster a ocupar nuevos territorios españoles en la Guayana. Toda ocupación realizada

148

con posterioridad por Holanda sobre territorios en la Guayana
esequiba debe considerarse como ilegitima e incapaz de generar
títulos soberanos.

*Mapa de Noveau Royaume de Granade, Nouvelle Andalousie,
et Guyane, 1764*

**Muestra las Provincias españolas de Nueva Andalucía y Guayana y las
Colonias Holandesas de Surinam al este del río Esequibo**

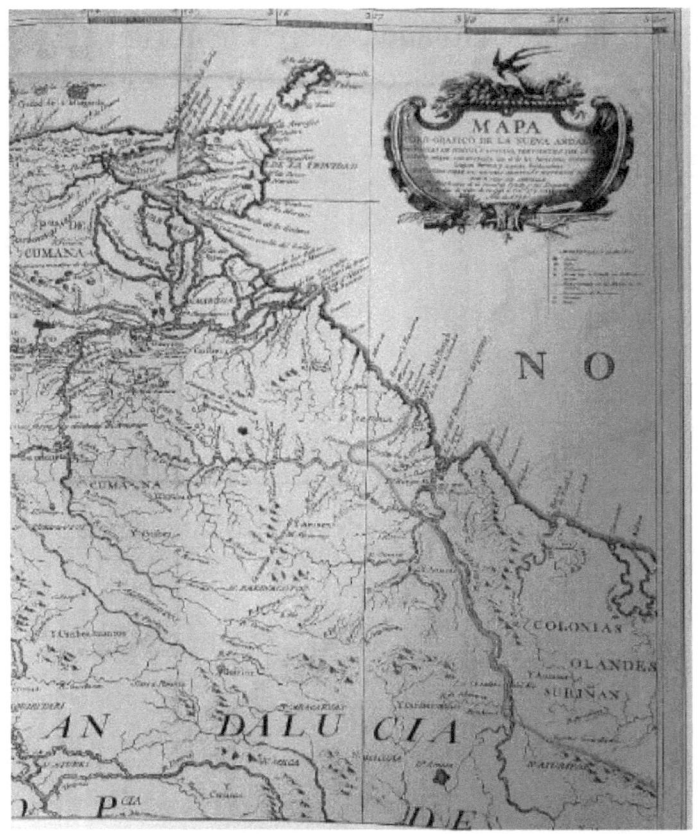

Detalle del mapa Coro-Gráfico de la Nueva Andalucía, Provincias de Cumaná, y Guayana, vertientes del Orinoco, su cierto origen, comunicación con el de las Amazonas, situación de la Laguna Parime, y nuevas poblaciones, 1778
Muestra las Colonias Holandesas de Surinam al este del río Esequibo

Cuarto, que mediante el Tratado de Paz de Londres de 30 de mayo de 1814 y la Convención subsiguiente de 13 de agosto de 1814, Holanda cedió a Gran Bretaña en la Guayana exclusivamente los establecimientos (asentamientos) o **establishments** de Demerara, Esequibo y Berbice; que eran tres enclaves situados en los tres ríos, y nada más, continuando la frontera de Venezuela con la nueva Colonia Británica en el río Esequibo.

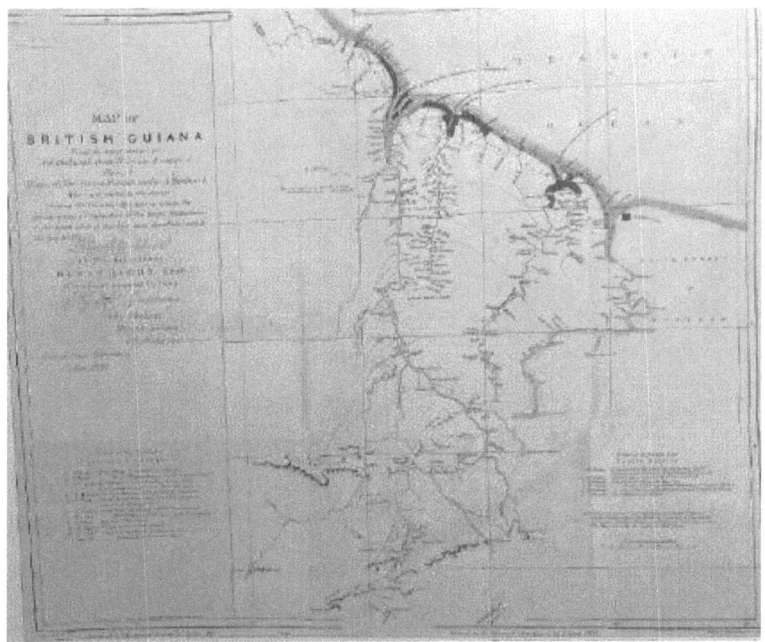

Map of British Guiana, from the latest Surveys of Schomburgk, Owen,
Hilhouse & Others, and those of Hancock, Van Cooten, Bouchernrode &
Bercheyck, 1838 (presentado a Henry Light, Governador de la Colonia)

Esa frontera, incluso, quedó expresado en el mapa inicial
levantado por Robert Herman SCHOMBURGK de 1835, elaborado
en su expedición iniciada en 1834, que luego fue modificado,
falsificando la verdad.

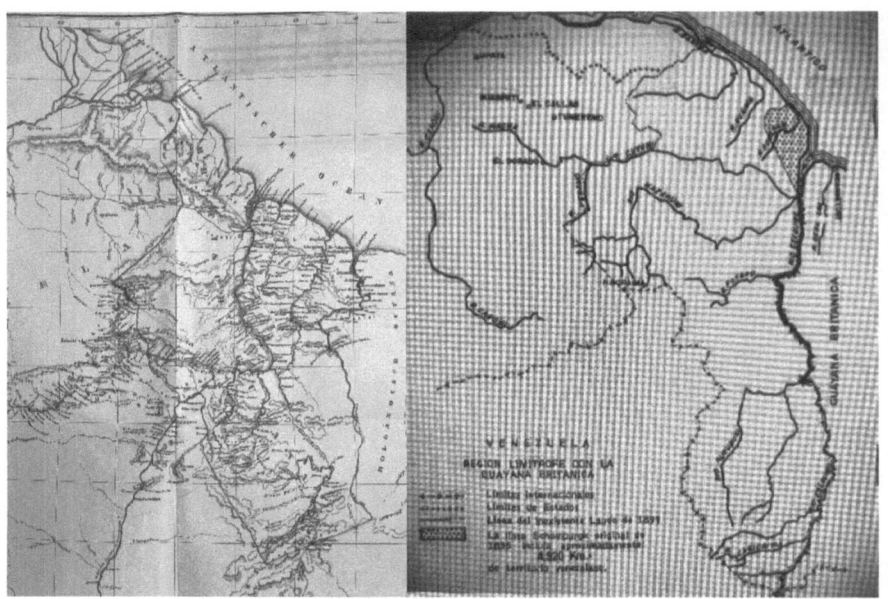

Línea original de Schomburgk 1835,

Izq. del libro de R.H. Schongurgk, Reisen in Guiana und am Orinoko, Leipzig 1841,

Der: del libro de Armando Rojas, *Venezuela limita al este con el Esequibo,*
Cromotip, Caracas 1968

Fuera de los tres asentamientos (Demerara, Esequibo y Berbice) que habían sido reconocidos y transferidos a Holanda en el Tratado de Münster, Holanda no tenía título alguno de soberanía para transferir a Gran Bretaña tierras en la Guayana Esequiba situadas al este del río Esequibo.

Los asentamientos transferidos por Holanda a Inglaterra, en todo caso se limitaron a unas áreas de reducida extensión en las márgenes de los ríos Demerara, Berbice y Esequibo, que fueron las que en 1831 Gran Bretaña consolidó con una única denominación de la British Guiana, quedando la información detallada de los mismos y qué áreas ocupaban en el Informe de la expedición de Schomburgk de 1834.

Es decir, para cuando Schomburgk comenzó su primera expedición, lo que de hecho existía en lo que él describió como

"Guayana Británica" eran algunas plantaciones y poblaciones ubicadas a pocas millas de las costas en las desembocaduras de los ríos Esequibo, Demerara y Berbice, como informó, y como también se puede ver en otra versión del Mapa que preparó en 1836 (para entonces, y desde 1748, el Fuerte de Kikoveral construido por los holandeses en la intersección de los ríos Esequibo, Cuyuní y Mazaruni había sido abandonado), mostrando el límite con Venezuela que corre a lo largo del río Esequibo.

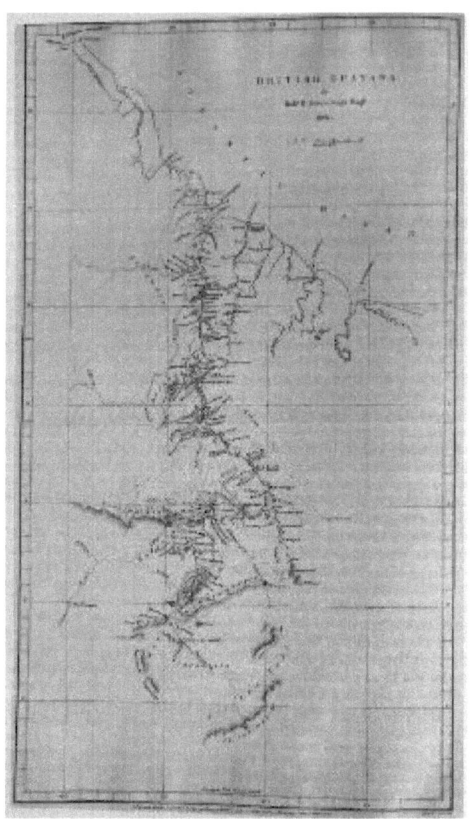

British Guyana. By Rob. H. Schomburgk Esq. 1836. Proof copy, illustrating route of the first expedition. Published in P. Rivière (Ed), *The Guiana Travels of Robert Schomburgk 1835-1844,* **The Hakluyt Society, London 2006, Vol. I, p. 32**

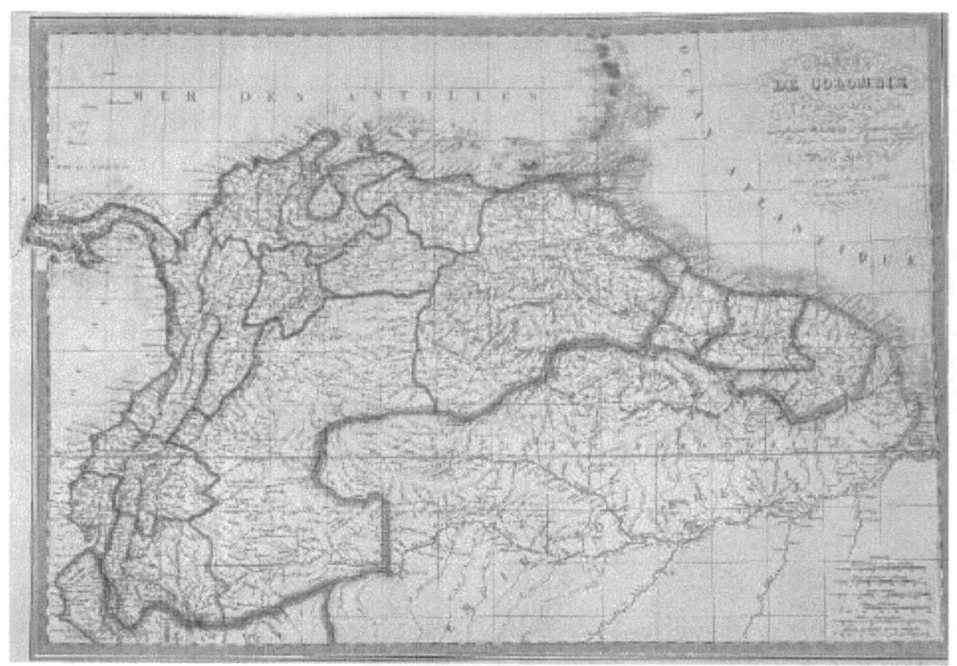

Carte de la Colombie et des Guyanes, Pierre Lapse, 1828
Que muestra el límite de la República de Colombia hacia el este en el río
Esequibo y a las Guayanas ubicadas al este del mismo río Esequibo

Con base las anteriores premisas fácticas, históricas y jurídicas, la conclusión es, como lo argumentó Venezuela en el procedimiento arbitral de 1899, y que Guyana resume en su *Memoria* (par. 3.49), la siguiente:

Que Spain discovered the area since 1498 and, **"by a first and timely settlement of a part of the whole, perfected her title to the whole of the geographical unit known as Guiana"**.

Que mediante el Tratado de Münster de 1648, **"Spain ceded to the Dutch only the places in Guiana that the Dutch physically possessed, and that the rest of the territory remained open to future possession by Spain."**

Que **"all the territory to the north and west of the Dutch settlements were Spanish territory on which the Dutch were prohibited from encroaching by the Treaty."**

Que **"the Dutch could not transfer those lands to Great Britain by the 1814 London Convention or the 1815 Treaty of Paris, and Great Britain was not entitled to any territory beyond that physically held by the Dutch at the time of the Treaty of Münster of 1648."** (*Memoria*, Guayana, par. 3.49).

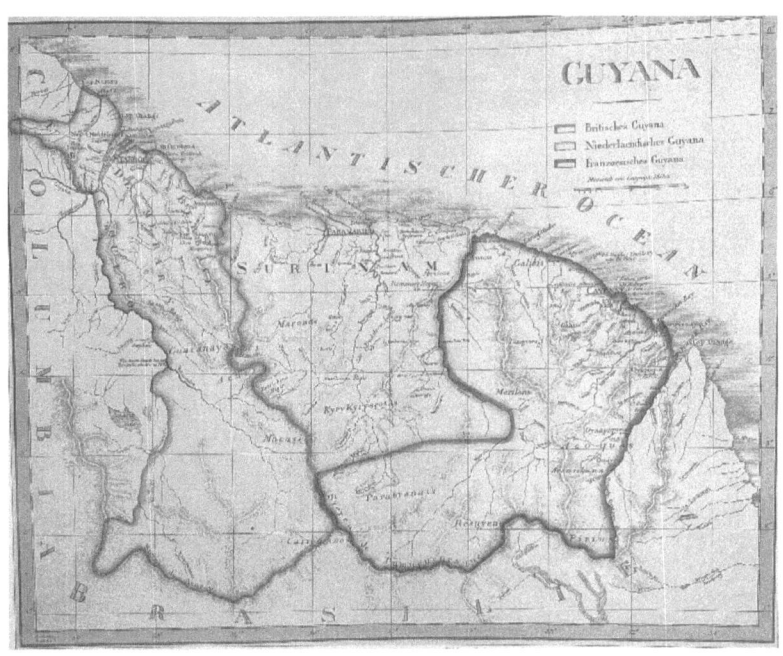

Guyana. Weimar Geographic Instituto. 1828

En consecuencia, al declararse la independencia de Venezuela a partir de 1810, y formarse el territorio nacional conforme al que tenía la Capitanía General de Venezuela creada en 1777 (con exclusión solo de la isla de Trinidad cedida por España a Gran Bretaña en 1802 por el Tratado de Amiens de 1802, después de haber sido invadida por los ingleses en 1797), conforme al principio del *uti possidetis iuris*, el territorio de la Republica llegaba hacia el este, en la provincia de Guayana hasta el río Esequibo, pues a partir del mismo hacia el este estaban los enclaves reconocidos a Holanda conforme al Tratado de Münster; lo cual fue ratificado en 1817 mediante decreto de Simón Bolívar al liberar a la Provincia de Guayana de España e incorporarla a la República de Venezuela.

Por ello, en los mapas de la República de Colombia establecida por la Constitución de 1821 aparece la frontera de la misma al este en el río Esequibo:

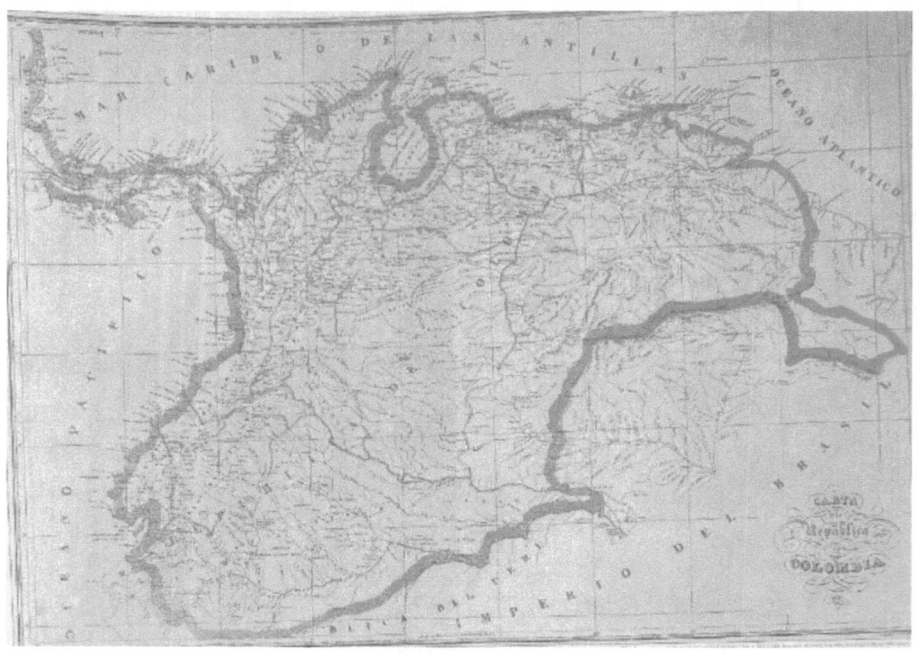

Carta de la República de Colombia, José Manuel Restrepo,
París 1822.

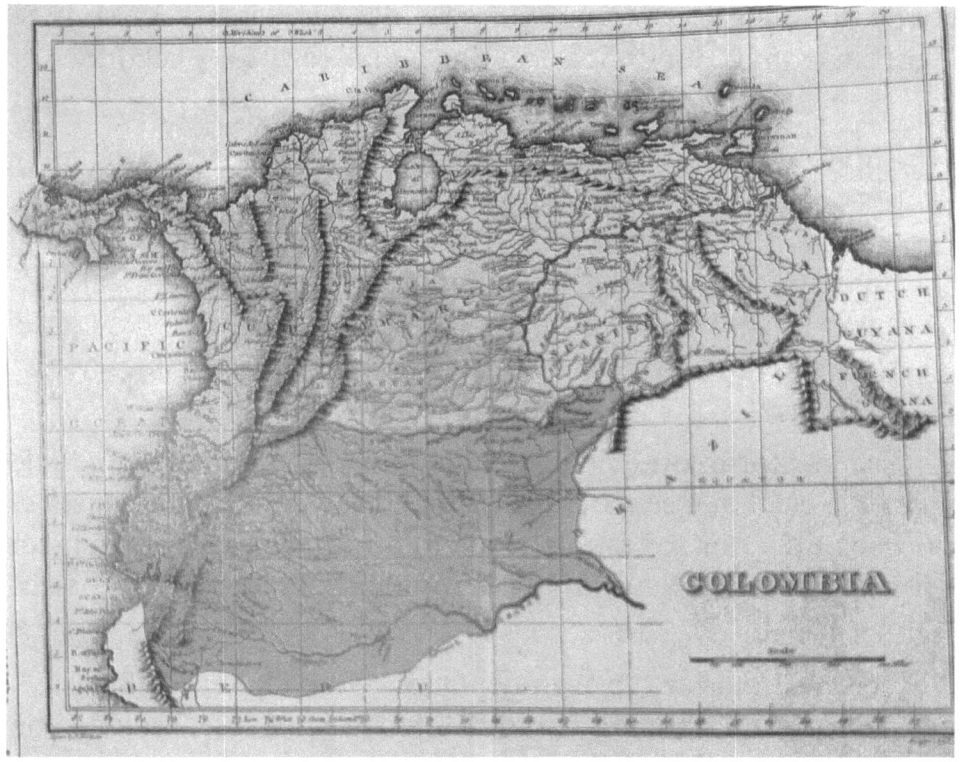

Geographical, Statistical and Historic Map of Colombia,
James Finlayson, 1822

Ese nuevo Estado, la República de Colombia regulada en la Constitución de 1821, fue expresamente reconocido internacionalmente por los Estados Unidos en junio de 1822 y por el Reino Unido en diciembre de 1824, con todo su territorio definido en la ley de División Territorial de ese mismo año extendido hacia el este hasta el río Esequibo (al norte con el mar océano y al este con el río Esequibo).

Respecto de ese mismo territorio, luego de Venezuela, mediante el Tratado de Paz y reconocimiento firmado entre Venezuela y España el 30 de marzo de 1845, España renunció "por sí, sus herederos y sucesores, la soberanía, derechos y acciones que le corresponde sobre el territorio americano,

157

conocido bajo el antiguo nombre de Capitanía General de Venezuela, hoy República de Venezuela" (art. 1); y reconoció:

"como Nación libre, soberana e independiente la República de Venezuela compuesta de las provincias y territorios expresados en su Constitución: y demás leyes posteriores a saber: Margarita, Guayana, Cumaná, Barcelona, Caracas, Carabobo, Barquisimeto, Barinas, Apure, Mérida, Trujillo, Coro y Maracaibo y otros cualesquiera territorios e islas que puedan corresponderle" (art. 2).

Ese territorio, que incluye el del territorio de la Provincia de Guayana es el que se extendía hacia el este del Orinoco hasta el río Esequibo, por ser esta la frontera que el Tratado de Münster había fijado entre España y las Provincias Unidas de los países Bajos en 1648.

Todo lo anterior fue argumentado y probado en 1898 y 1899 por ante el Tribunal Arbitral creado por el Tratado de Washington, en 1898 y 1899, mediante los siguientes documentos y sus anexos producidos y publicados antes de la emisión del Laudo Arbitral, que deberán consignarse formalmente por Venezuela en el juicio ante la Corte Internacional de Justicia, como parte de su argumentación y prueba, máxime si ya Guyana en su *Memoria* ha hecho profusa referencia a muchos de estos documentos y sus anexos:

Primero, los tres volúmenes y sus anexos titulados:

- Venezuela-British Guiana Boundary Arbitration, *The Case of the United States of Venezuela before the Tribunal of Arbitration to Convene in Paris under the Provisions of the Treaty between the United States of Venezuela and the Britannic Majesty signed in Washington February 1897, 1897*, New York 1898.

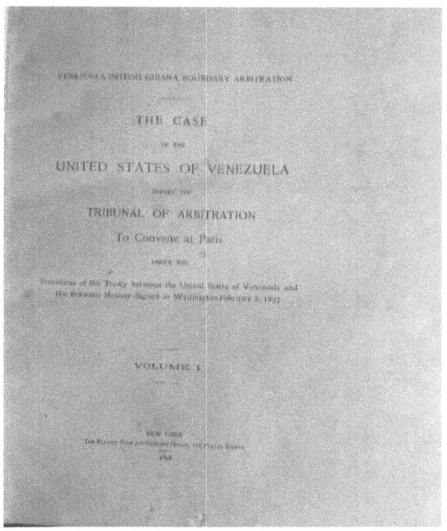

Segundo, los dos volúmenes y sus anexos titulados:

- Venezuela-British Guiana Boundary Arbitration, *The Counter-Case of the United States of Venezuela before the Tribunal of Arbitration to Convene in Paris under the Provisions of the Treaty between the United States of Venezuela and the Britannic Majesty signed in Washington February 1897*, New York 1898.

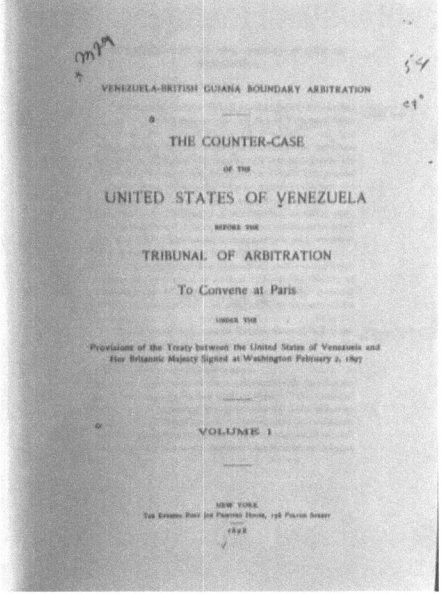

Tercero, los dos volúmenes y sus anexos titulado:

- Venezuela-British Guiana Boundary Arbitration, *The Printed Arguments on Behalf of the United States of Venezuela before the Tribunal of Arbitration*, Benjamin Harrison, Benjamin J. Tracy, S. Mallet-Prevost, James Russell Soley, Counsel for Venezuela, New York, 1898.

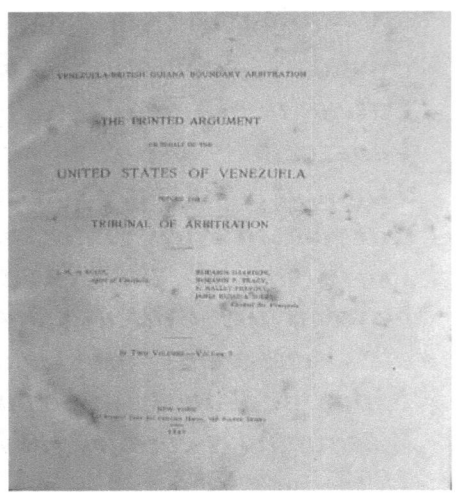

Además, Venezuela deberá consignar formalmente ante la Corte Internacional de Justicia como parte de sus argumentos y medios de prueba, los siguientes volúmenes y sus anexos publicados igualmente antes de la emisión del Laudo Arbitral, titulados:

- *Alegato de Venezuela. Contestación al "Libro Azul Británico" presentado a las dos Cámaras del parlamento en marzo último con el título de "Documentos y correspondencia relativos a la cuestión de Límites entre la Guayana Británica y Venezuela,"* Edición Oficial, Imprenta Nacional, Caracas 1896.

- *Historia Oficial de la Discusión entre Venezuela y la Gran Bretaña sobre sus Límites en La Guayana,* Louis Weiss & Co, Impresores, 116 Fulton Street, Nueva York, 1896.

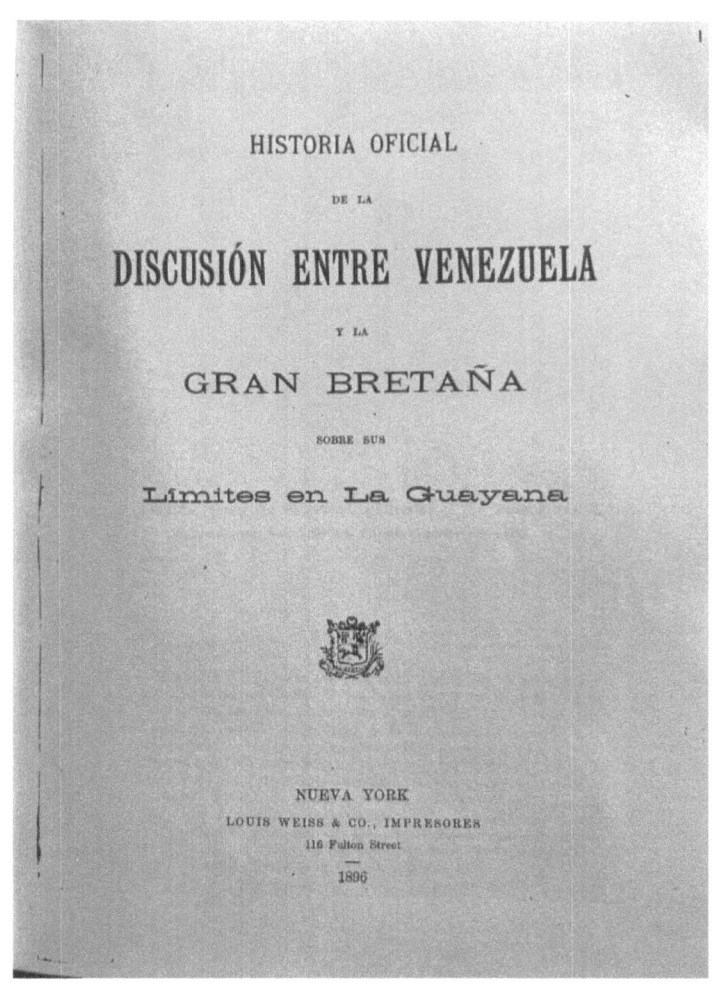

- United States Commission on Boundary between Venezuela and British Guiana, *Report and Accompayning Papers of the Commission Appointed by the President of the United States "to investigate and Report upon the True Divisional Line between the Republic of Venezuela and the British Giana",* Washington, Government Printing Office 1897.

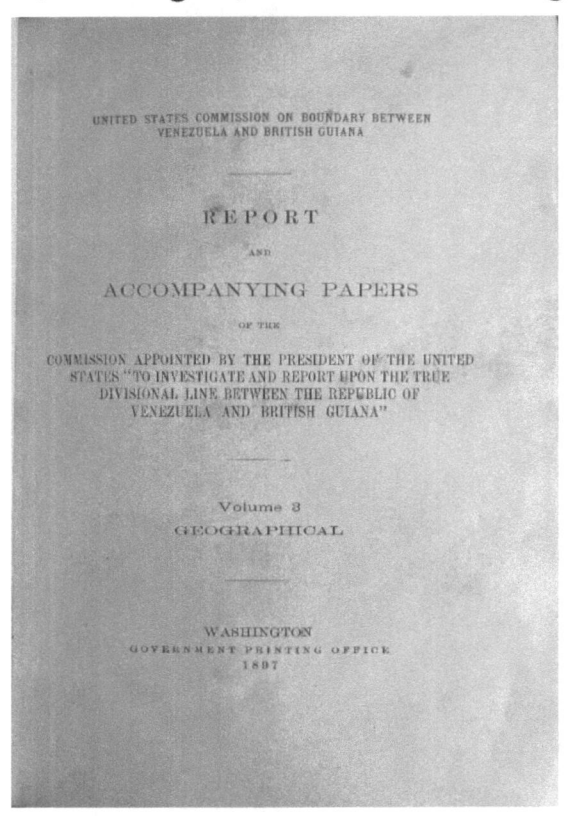

Y, además, en adición a los Tomos de la *Colección Frontera* publicados por el Ministerio de Relaciones Exteriores (1981), al menos, por ejemplo, los siguientes textos:

- Carlos Álamo Ybarra, ***Fronteras de Venezuela con la Guayana Británica***, Academia de Ciencias Políticas y Sociales – ***Editorial*** Élite, Carracas, 1938.

- Rafael Badell Madrid, ***La reclamación de Venezuela sobre el Territorio Esequibo***, Academia de Ciencias Políticas y Sociales, 2023.

- Tomás Enrique Carrillo Batalla (coord*.), La reclamación venezolana sobre la Guayana Esequiba*, Academia de Ciencias Políticas y Sociales, Serie Eventos 2, Caracas, 2008.

- Mercedes Alicia, Carrillo Zamora, ***La impugnación internacional de la sentencia arbitral por fraude procesal. Estudio particularizado de la controversia limítrofe anglo-venezolana sobre el territorio de la Guayana Esequiba*** (Premio Estudios Constitucionales 1812), Universidad de Cádiz, Madrid 2011.

- Santos Rodulfo Cortez Juan Vicente Arévalo (ed), ***Cartografía Antigua de Guayana. Haud ulli spectaberis impar dives opum variarum***, CVG Electrificación del Caroní. Edelca, Caracas 2000.

- Manuel Donis Ríos, ***El Esequibo. Una reclamación histórica***, Abediciones – Konrad Adenauer Stiftung, Caracas, 2016.

- Héctor Faúndez Ledesma y Rafael Badell Madrid (coords.), ***La controversia del Esequibo***, Academia de Ciencias Políticas y Sociales - Editorial Jurídica Venezolana, Serie Eventos 34, Caracas, 2022.

- Hermann González Oropeza y Pablo Ojer, *Informe que los expertos venezolanos para la cuestión de límites con Guayana Británica presentan al gobierno nacional*, Ministerio de Relaciones Exteriores, Caracas, 1967.

- Ministerio de la Defensa. *El litigio de la Guayana. Revelación de los papeles de los "Árbitros" que habían permanecido ocultos en los archivos ingleses*. Oficina de Publicaciones del Estado Mayor Conjunto, Caracas 1965.

- Ministerio de Relaciones Exteriores, *Reclamación de la Guayana Esequiba*. Documentos, Caracas 1967

- Ministerio de Relaciones Exteriores, *La reclamación Esequiba. Documentos*, Caracas 1984.

- Enrique Bernardo Núñez, *Tres Momentos en la controversia de límites de Guayana. El incidente del Yuruán. Cleveland y la Doctrina Monroe,* Ministerio de Relaciones Exteriores, Caracas 1962.

- Pablo Ojer Celigueta, *Robert H. Schomburgk explorador de Guayana y sus líneas de frontera*, Universidad Central de Venezuela, Caracas, 1969.

- Nelson Ramírez Torres, *La recuperación del Esequibo*, 2023.

- Armando Rojas, *Venezuela limita al este con el Esequibo,* Cromotip, Caracas 1968.

II

LAS FALSEDADES DE LA *MEMORIA* DE GUYANA QUE QUEDAN DESMENTIDAS CON LA DOCUMENTACIÓN EXISTENTE

Conforme a o antes explicado y con todos los documentos antes enumerados queda demostrado, en contra de lo que afirma Guyana en su *Memoria* de 2022, que:

1. *No es cierto* que:

"**The first Europeans to settle in present day Guyana, including the Essequibo Region, were the Dutch. They arrived in 1598, seventeen years after the "United Provinces" declared independence from Spain. They explored the Orinoco inland, up to the Caroni River. From there they moved eastward along the coast and established settlements at various points between the Orinoco and the Amazon Rivers**". (*Memoria* **Guyana, par. 2.11**).

Para 1598, los exploradores españoles habían ya tomado posesión de todo el territorio de Tierra Firme, extendiéndose la frontera de las Provincia de Nueva Andalucía (1568), primero, y luego de la Provincia de Guayana (1568, 1582, 1595) hasta el río Amazonas. A partir de esa fecha lo que se establecieron en la costa de las Guayanas al oeste del río Esequibo exclusivamente fueron establecimientos comerciales, por una compañía de una de las provincias de los Países Bajos en guerra contra España.

2. *No es cierto* que los holandeses:

"Occupied and administered the territory between the Essequibo and Orinoco Rivers until the early nineteenth century, when they were supplanted by the British..." (*Memoria* **Guyana, par. 1.27)**

Para principios del siglo diecinueve, los holandeses solo tenían tres establecimientos comerciales en la bocas de los ríos Esequibo, Berbice y Demerara exclusivamente, que fue lo que cedieron a los británicos en 1814.

3. *No es cierto* que una de las Cámaras de la compañía West India Company establecida en 1621, **"the Zeeland Chamber, formally carried out the colonization of the Essequibo Region"** (par. 2.12); Región, que en la misma Memoria se define así:

"The Essequibo Region comprises all of Guyana's land territory lying to the west of the Essequibo River, for which the Region is named" (*Memoria* **Guyana par. 2.2).**

La "colonización" que tuvo lugar por una empresa comercial, y no por algún Estado, fue reducida exclusivamente a los establecimientos situados en los ríos Esequibo, Demerara y Berbice.

4. *No es cierto* que:

"The seat of government for the Essequibo Colony was formally established at Kykoveral, and, from there, the United Provinces exercised possession, control and political authority over the territory between the Essequibo and Orinoco Rivers." (*Memoria* **Guyana par. 2.12)**

Kykoveral, como se ha dicho, era una isla fluvial situada en la confluencia del río Mazaruni con el río Cuyuní, antes de su desembocadura en el río Esequibo, y el fuerte allí ubicado era todo el asentamiento holandés que existía (hasta 1748), por lo que es falso que se hubiera establecido allí algún "gobierno" que hubiera ejercido **"possession, control and political authority over the territory between the Essequibo and Orinoco Rivers**."

5. *No es cierto* que:

"Spanish colonization of northern South America began in the sixteenth century, at New Granada, where present-day Colombia is located, and slowly extended eastward as far as the Orinoco River" (*Memoria* **Guyana pr. 2.13**).

Como se dijo, después de haber navegado toda la costa de la Tierra Firme, el proceso de colonización española comenzó en 1508 con el establecimiento de la ciudad de Nueva Cádiz en la isla de Cubagua entre la Isla de Margarita y la costa este de Venezuela

6. *No es cierto* que para 1621, los holandeses:

"Had already built numerous settlements between the Orinoco and the Essequibo Rivers". (*Memoria*, **Guyana par. 2.13**).

Para ese entonces, el único establecimiento que los holandeses tenían establecido al oeste del río Esequibo era el Fuerte en la isla de Kikoveral, antes mencionado.

7. *No es cierto* que:

"The *Spanish* did not establish settlements east of the Orinoco River". (**par. 2.14**)

Al contrario, durante los siglos XVII y XVIII España estableció numerosos asentamientos al este del río Orinoco gobernados por los Misioneros capuchinos, quienes estaban formalmente a cargo del proceso de colonización en nombre de la Corona Española.

8. *No es cierto* que:

"By the 1630s, Dutch authority extended to all ports east of the Orinoco River". (*Memoria* Guyana par. 2.14).

En ese momento, no había autoridad holandesa al este del río Orinoco; sólo había tres establecimientos en los ríos Esequibo, Demerara y Berbice con fines comerciales.

9. *No es cierto* que para el momento en el que se suscribió el Tratado de Münster en 1648:

"Spain thus relinquished any claims it might have had, inter alia, in respect of the territory held and administered by the Dutch east of the Orinoco River." (*Memoria* Guyana par. 2.15)

Para ese momento el único asentamiento que tenían los holandeses al este del río Orinoco era el fuerte en la isla de Kyk-over-al, situada en la unión del río Mazaruni con el río Cuyuní, antes de su desembocadura en el río Esequibo.

10. *No es cierto* que en un Mapa de William Blaeuw (1667), el río Orinoco fuera:

"The boundary between Dutch and Spanish territory in northern South America, in accordance with the Treaty of Münster". (*Memoria* Guyana par. 2.16)

El Tratado de Münster, al reconocer los establecimientos de Demerara, Berbice y Esequibo a favor de las Provincias Holandesas al este del río Esequibo, aceptó el dominio español de las tierras al oeste de dicho río; y la denominación *Guiana* o *Caribana* que tiene el Mapa de Blaew, en el cual, como de los otros mapas contemporáneos, no se trazaron fronteras, identificaban toda la región entre el río Orinoco, el Mar Atlántico y el río Amazonas, sin ningún sentido territorial político.

***

Con base en lo que resulta de la lectura de las sentencias de la Corte Internacional de Justicia en el caso y del texto de la *Memoria* presentada ante la misma por Guyana, como lo expresé al concluir en conjunto de *Jornadas organizadas por la Academia de Ciencias Políticas y Sociales* entre 2021 y 2022 sobre la Controversia del Esequibo (Héctor FAÚNDEZ LEDESMA y Rafael BADELL MADRID, Coordinadores), *La Controversia del Esequibo*, Serie Eventos No. 34, Academia de Ciencias Políticas y Sociales, Editorial Jurídica Venezolana, Caracas 2022), Venezuela tiene, además de buenas razones para comparecer ante la Corte y hacer valer sus derechos, la obligación de hacerlo.

No hacerlo, sería renunciar a sus derechos en la Zona en Reclamación de la Guayana Esequiba, lo que constituiría – por parte de quienes representa al Estado en sus relaciones internacionales – un crimen de lesa patria.

Para quienes gobiernan y para todo el país, el tema de la Controversia sobre la Guayana Esequiba es un tema demasiado serio e importante, que lo que requiere es la firme decisión de defender los derechos ante la Corte Internacional de Justicia, en la demanda que contra Venezuela se ha intentado, y hacerlo con conocimiento y firmeza. No es un tema para ser tratado en "consultas populares." El pueblo, las organizaciones sociales y todos los individuos pueden y tienen derecho a manifestar su opinión sobre la problemática, pero lo que no puede hacer el gobierno es esquivar la responsabilidad que tiene de actuar responsablemente en el juicio, apelando a los mejore abogados internacionales y nacionales que sea necesario.

Razones para ganar en el proceso judicial hay de sobra, por lo que lo que no puede faltar es la decisión política de hacer valer los derechos del país ante la Corte Internacional de Justicia, seriamente, con conocimiento, para lo cual contamos con escasos once meses.

Recordemos sólo, por ejemplo, sobre esos planteamientos el recuento que hizo el 10 de mayo de 1890 el exPresidente Antonio Guzmán Blanco al justificar por qué durante su último gobierno (el llamado de "La Aclamación" 1886-1888), en febrero de 1887 Venezuela rompió relaciones diplomáticas con Gran Bretaña, por la invasión que había ocurrido desde la Colonia de la Guayana Británica en territorio venezolano "desde el Orinoco, Barima y Amacuro, hasta el Cabo Nassau," considerando que con ello "estábamos en presencia de un casus belli."

Por "el gravísimo atentado cometido por el Gobierno de Su Majestad Británica contra la Soberanía y el propio imperio de Venezuela," Guzmán Blanco señaló que se tomó tan grave decisión, resolviendo entonces el Congreso que "no se restableciesen las relaciones, mientras las autoridades inglesas no desocuparan el territorio últimamente usurpado…" y no "volviesen las cosas al modus vivendi establecido por la convención de 1850."

Estas consideraciones las hizo Guzmán Blanco desde Europa, al contradecir en un folleto que publicó en mayo de 1890 titulado: *Límites guayaneses entre Venezuela y la Gran Bretaña* (París. Imprimerie C. Pariset, 101, rue de Richelieu,

1890), algunas críticas formuladas el mes anterior por Marco Antonio Saluzzo, Ministro de Relaciones Exteriores del gobierno del Presidente Raimundo Andueza Palacio, cuestionando su

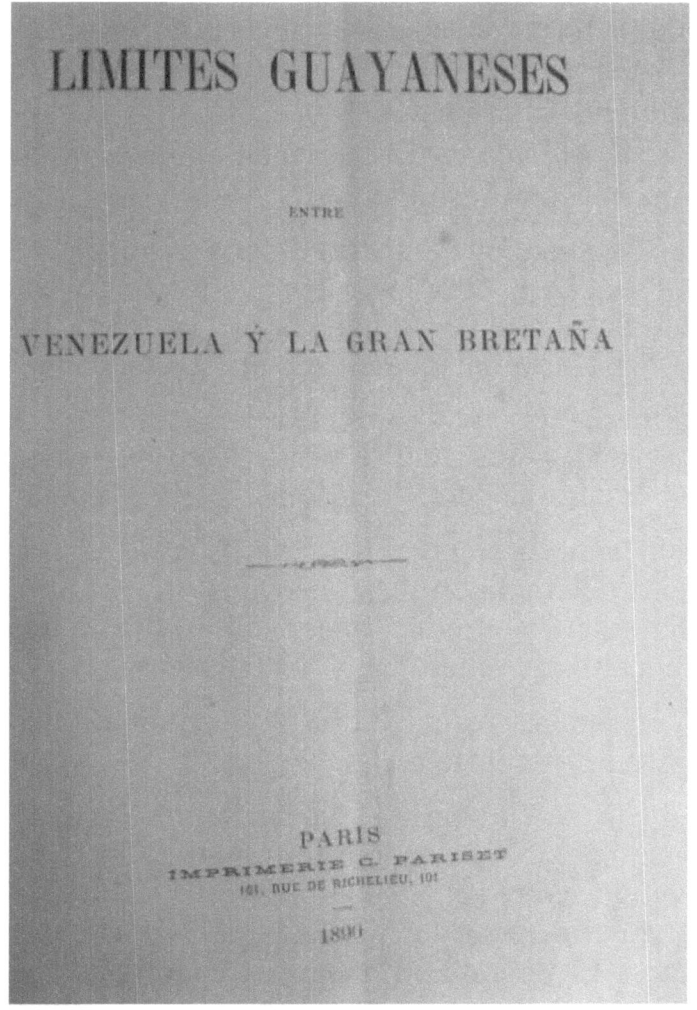

actuación durante su gobierno en 1887 y antes, en 1886 como Enviado Extraordinario y Ministro Plenipotenciario de Venezuela que había sido ante la mayor parte de las Cortes de Europa. En dicho folleto, después de haber estudiado "los numerosos expedientes de la cuestión de límites," Guzmán

Blanco precisó lo que en su concepto eran las bases de los derechos territoriales de Venezuela sobre la Guayana Esequiba, particularmente ante su convencimiento de que "el Gobierno inglés tiene el inveterado propósito de usurparse el territorio comprendido entre el Esequibo y el Orinoco, siguiendo la antojadiza línea ideada por Schomburgk;" bases que son fundamentalmente las mismas que ahora, 130 años después, Venezuela tiene que volver a argumentar en juicio, y que según explicó entonces eran las siguientes:

"1° La jurisdicción é imperio españoles llegaban en 1810, hasta el Esequibo, como lo prueban la historia y las guerras que tuvieron España y Holanda, por las factorías que la segunda había establecido del lado acá de aquel río.

2° El tratado de 1814 entre la Holanda é Inglaterra, cedió a esta las posesiones que le pertenecían del lado allá del Esequibo, pues que del lado acá, no tenía Holanda ninguna.

3° Fundada en el *uti possidetis juris* de 1810 reclamó Colombia de Inglaterra, el territorio que sin derecho pretendía esta continuar ocupando como heredera de Holanda, entre el Pomerón y el Esequibo.

4° Venezuela, después que se separó de Colombia, continuó la misma justa reclamación.

5° En 1840 el Ministro venezolano, Señor Fortique, obtuvo un arreglo, cediendo a la Inglaterra la faja de tierra comprendida entre el Esequibo y el Cabo Nassau, y asegurando el derecho de Venezuela desde este Cabo hasta el Orinoco. El Señor Fortique pensó, sin duda, que podía hacerse este sacrificio, buscando una división de aguas, en que unas fuesen a dar al Esequibo y las otras al Orinoco exclusivamente. Este arreglo, sin embargo, fue rechazado por Venezuela de manera providencial.

6° Los Ingleses se quedaron, no obstante, ocupando de hecho tierras a la margen izquierda del Esequibo y hasta el Cabo Nassau, hecho que Venezuela continuó rechazando en sus posteriores discusiones con el Gobierno inglés.

7° En 1850, con motivo de un viaje de exploración del ya mencionado Schomburgk, contra el cual reclamó nuestro Gobierno, se declaró por ambas partes que ni Venezuela ni la Gran Bretaña se proponían usurparse territorio alguno del que hasta entonces estaba en discusión, y que ambas se comprometían a no ejercer actos de jurisdicción, antes de que la cuestión de límites fuese decidida. Quedó pues establecido desde 1850, como modos vivendi que ni Venezuela ni la Gran Bretaña ocuparían el terreno disputado.

8° Así perduró el asunto hasta hace 4 o 5 años, que la Inglaterra, prescindiendo de la convención de 1850, empezó a invadirnos, no ya desde el Esequibo, sino desde el Pomerón hasta Amacuro y hasta el Brazo Barima y la isla de este nombre; lo que, por supuesto, no solo determinó sino que impuso el rompimiento de las relaciones diplomáticas."

No olvidemos, que con la decisión de la Corte Internacional de Justicia declarando su competencia, si la decisión del caso es la declaración de la nulidad del Laudo de 1899, como seguramente tendrá que decidirlo, como lo dijo el Ministro de relaciones Exteriores de Venezuela en 1966, luego de firmarse el Acuerdo de Ginebra, la cuestión se plantearía *"nuevamente en los términos iniciales,"* lo que significa que la Corte Internacional de Justicia deberá resolver sobre la frontera entre los dos países en los términos conforme a los cuales se debió haber dictado el Laudo Arbitral en 1899, respetándose los derechos territoriales históricos de Venezuela, que el país tiene casi siglo y medio planteando y reclamando.

Nueva York, mayo 2023.

www.ingramcontent.com/pod-product-compliance
Lightning Source LLC
Chambersburg PA
CBHW061247280526
45784CB00002B/670